গীতাঞ্জলি

রবীন্দ্রনাথ ঠাকুর

ডায়মণ্ড বুক্স

প্রকাশক : ডায়মণ্ড পকেট বুক্স (প্রা.) লিমিটেড
X-30, ওখলা ইণ্ডাস্ট্রিয়াল এরিয়া, ফেজ - II
নূতন দিল্লী - 110 020
ফোন : 011-40712200
ই-মেল : sales@diamondpublication.com
ওয়েবসাইট : www.dpb.in
সংস্করণ : 2019
টাইপ সেটিং : ল্যাঙ্গুয়েজ্‌ট্রন
মুদ্রক : Repro (India)

GEETANJALI

by Rabindranath Thakur

সূচীপত্র

(01)

আমার মাথা নত করে দাও হে তোমার

আমার মাথা নত করে দাও হে তোমার
চরণধূলার তলে।
সকল অহংকার হে আমার
ডুবাও চোখের জলে।

নিজেরে করিতে গৌরব দান
নিজেরে কেবলই করি অপমান,
আপনারে শুধু ঘেরিয়া ঘেরিয়া
ঘুরে মরি পলে পলে।
সকল অহংকার হে আমার
ডুবাও চোখের জলে।

আমারে না যেন করি প্রচার
আমার আপন কাজে –
তোমারি ইচ্ছা করো হে পূর্ণ
আমার জীবনমাঝে।

যাচি হে তোমার চরম শান্তি,
পরানে তোমার পরম কান্তি,
আমারে আড়াল করিয়া দাঁড়াও
হৃদয়পদ্মদলে।
সকল অহংকার হে আমার
ডুবাও চোখের জলে।

1313

(02)

আমি বহু বাসনায় প্রাণপণে চাই,

আমি বহু বাসনায় প্রাণপণে চাই,
বঞ্চিত করে বাঁচালে মোরে।
এ কৃপা কঠোর সঞ্চিত মোর
জীবন ভ'রে।
না চাহিতে মোরে যা করেছ দান
আকাশ আলোক তনু মন প্রাণ,
দিনে-দিনে তুমি নিতেছ আমায়
সে মহাদানেরই যোগ্য করে
অতি-ইচ্ছার সংকট হতে
বাঁচায়ে মোরে।

আমি কখনো বা ভুলি, কখনো বা চলি
তোমার পথের লক্ষ্য ধরে –
তুমি নিষ্ঠুর সম্মুখ হতে
যাও যে সরে।
এ যে দয়া জানি জানি হায়,
নিতে চাও বলে ফিরাও আমায়,
পূর্ণ করিয়া লবে এ জীবন
তব মিলনেরই যোগ্য করে
আধা-ইচ্ছার সংকট হতে
বাঁচায়ে মোরে।

1313

(03)

কত অজানারে জানাইলে তুমি,

কত অজানারে জানাইলে তুমি,
কত ঘরে দিলে ঠাঁই –
দূরকে করিলে নিকট, বন্ধু,
পরকে করিলে ভাই।
পুরানো আবাস ছেড়ে যাই যবে
মনে ভেবে মরি কী জানি কী হবে,
নূতনের মাঝে তুমি পুরাতন
সে কথা যে ভুলে যাই।
দূরকে করিলে নিকট, বন্ধু,
পরকে করিলে ভাই।

জীবনে মরণে নিখিল ভুবনে
যখনি যেখানে লবে,
চিরজনমের পরিচিত ওহে,
তুমিই চিনাবে সবে।
তোমারে জানিলে নাহি কেহ পর,
নাহি কোনো মানা, নাহি কোনো ডর;
সবারে মিলায়ে তুমি জাগিতেছ –
দেখা যেন সদা পাই।
দূরকে করিলে নিকট, বন্ধু,
পরকে করিলে ভাই।

1313

(04)

বিপদে মোরে রক্ষা করো

বিপদে মোরে রক্ষা করো
এ নহে মোর প্রার্থনা,
বিপদে আমি না যেন করি ভয়।
দুঃখতাপে ব্যথিত চিতে
নাই-বা দিলে সান্ত্বনা,
দুঃখে যেন করিতে পারি জয়।
সহায় মোর না যদি জুটে
নিজের বল না যেন টুটে,
সংসারেতে ঘটিলে ক্ষতি
লভিলে শুধু বঞ্চনা
নিজের মনে না যেন মানি ক্ষয়।

আমারে তুমি করিবে ত্রাণ
এ নহে মোর প্রার্থনা,
তরিতে পারি শকতি যেন রয়।
আমার ভার লাঘব করি
নাই-বা দিলে সান্ত্বনা,
বহিতে পারি এমনি যেন হয়।
নম্রশিরে সুখের দিনে
তোমারি মুখ লইব চিনে,
দুখের রাতে নিখিল ধরা
যেদিন করে বঞ্চনা
তোমারে যেন না করি সংশয়।

1313

(05)
অন্তর মম বিকশিত করো

অন্তর মম বিকশিত করো
অন্তরতর হে।
নির্মল করো, উজ্জ্বল করো,
সুন্দর করো হে।
জাগ্রত করো, উদ্যত করো,
নির্ভয় করো হে।
মঙ্গল করো, নিরলস নিঃসংশয় করো হে।
অন্তর মম বিকশিত করো,
অন্তরতর হে।

যুক্ত করো হে সবার সঙ্গে,
মুক্ত করো হে বন্ধ,
সঞ্চার করো সকল কর্মে
শান্ত তোমার ছন্দ।
চরণপদ্মে মম চিত নিঃস্পন্দিত করো হে,
নন্দিত করো, নন্দিত করো,
নন্দিত করো হে।
অন্তর মম বিকশিত করো
অন্তরতর হে।

শিলাইদহ
27 অগ্রহায়ণ, 1314

(06)

প্রেমে প্রাণে গানে গন্ধে আলোকে পুলকে

প্রেমে প্রাণে গানে গন্ধে আলোকে পুলকে
প্লাবিত করিয়া নিখিল দ্যুলোক-ভূলোকে
তোমার অমল অমৃত পড়িছে ঝরিয়া।
দিকে-দিকে আজি টুটিয়া সকল বন্ধ
মুরতি ধরিয়া জাগিয়া উঠে আনন্দ;
জীবন উঠিল নিবিড় সুধায় ভরিয়া।

চেতনা আমার কল্যাণ-রস-সরসে
শতদল-সম ফুটিল পরম হরষে
সব মধু তার চরণে তোমার ধরিয়া।
নীরব আলোকে জাগিল হৃদয়প্রান্তে
উদার উষার উদয়-অরুণ কান্তি,
অলস আঁখির আবরণ গেল সরিয়া।

অগ্রহায়ণ, 1314

(07)

তুমি নব নব রূপে এসো প্রাণে।

তুমি নব নব রূপে এসো প্রাণে।
এসো গন্ধে বরণে, এসো গানে।
এসো অঙ্গে পুলকময় পরশে,
এসো চিত্তে অমৃতময় হরষে,
এসো মুগ্ধ মুদিত দু নয়ানে।
তুমি নব রূপে এসো প্রাণে।

এসো নির্মল উজ্জ্বল কান্ত,
এসো সুন্দর স্নিগ্ধ প্রশান্ত,
এসো এসো হে বিচিত্র বিধানে।
এসো দুঃখে সুখে, এসো মর্মে,
এসো নিত্য নিত্য সব কর্মে;
এসো সকল কর্ম-অবসানে।
তুমি নব নব রূপে এসো প্রাণে।

অগ্রহায়ণ, 1314

(08)

আজ ধানের ক্ষেতে রৌদ্রছায়ায়

আজ ধানের ক্ষেতে রৌদ্রছায়ায়
লুকোচুরি খেলা।
নীল আকাশে কে ভাসালে
সাদা মেঘের ভেলা।

আজ ভ্রমর ভোলে মধু খেতে,
উড়ে বেড়ায় আলোয় মেতে,
আজ কিসের তরে নদীর চরে
চখাচখির মেলা।

ওরে যাব না আজ ঘরে রে ভাই
যাব না আজ ঘরে।
ওরে আকাশ ভেঙে বাহিরকে আজ
নেব রে লুঠ করে।

যেন জোয়ার-জলে ফেনার রাশি
বাতাসে আজ ছুটেছে হাসি।
আজ বিনা কাজে বাজিয়ে বাঁশি
কাটবে সকল বেলা।

1313

(09)

আনন্দেরই সাগর থেকে

আনন্দেরই সাগর থেকে
এসেছে আজ বান।
দাঁড় ধরে আজ বোস্ রে সবাই,
টান্ রে সবাই টান্।
বোঝা যত বোঝাই করি
করব রে পার দুখের তরী,
ঢেউয়ের 'পরে ধরব পাড়ি
যায় যদি যাক প্রাণ।
আনন্দেরই সাগর থেকে
এসেছে আজ বান।

কে ডাকে রে পিছন হতে,
কে করে রে মানা,
ভয়ের কথা কে বলে আজ –
ভয় আছে সব জানা।
কোন্ শাপে কোন্ গ্রহের দোষে
সুখের ডাঙায় থাকব বসে,
পালের রশি ধরব কষি –
চলব গেয়ে গান।
আনন্দেরই সাগর থেকে
এসেছে আজ বান।

1315

(10)

তোমার সোনার থালায় সাজাব আজ

তোমার সোনার থালায় সাজাব আজ
দুখের অশ্রুধার।
জননী গো, গাঁথব তোমার
গলার মুক্তাহার।
চন্দ্র সূর্য পায়ের কাছে
মালা হয়ে জড়িয়ে আছে,
তোমার বুকে শোভা পাবে আমার
দুখের অলংকার।

ধন ধান্য তোমারি ধন,
কী করবে তা কও।
দিতে চাও তো দিয়ো আমায়,
নিতে চাও তো লও।
দুঃখ আমার ঘরের জিনিস,
খাঁটি রতন তুই তো চিনিস –
তোর প্রসাদ দিয়ে তারে কিনিস,
এ মোর অহংকার।

1315 ?

(11)

আমরা বেঁধেছি কাশের গুচ্ছ, আমরা

আমরা বেঁধেছি কাশের গুচ্ছ, আমরা
গেঁথেছি শেফালিমালা।
নবীন ধানের মঞ্জরী দিয়ে
সাজিয়ে এনেছি ডালা।
এসো গো শারদলক্ষ্মী, তোমার
শুভ্র মেঘের রথে,
এসো নির্মল নীল পথে,
এসো ধৌত শ্যামল
আলো-ঝলমল
বনগিরিপর্বতে।
এসো মুকুটে পরিয়ে শ্বেত শতদল
শীতল-শিশির-ঢালা।
ঝরা মালতীর ফুলে
আসন বিছানো নিভৃত কুঞ্জে
ভরা গঙ্গার কূলে
ফিরিছে মরাল ডানা পাতিবারে
তোমার চরণমূলে।
গুঞ্জরতান তুলিয়ো তোমার
সোনার বীণার তারে
মৃদু মধু ঝংকারে,
হাসিঢালা সুর গলিয়া পড়িবে
ক্ষণিক অশ্রুধারে।
রহিয়া রহিয়া যে পরশমণি
ঝলকে অলককোণে,
পলকের তরে সকরুণ করে
বুলায়ো বুলায়ো মনে –
সোনা হয়ে যাবে সকল ভাবনা,
আঁধার হইবে আলা।

শান্তিনিকেতন
3 ভাদ্র, 1315

(12)

লেগেছে অমল ধবল পালে

লেগেছে অমল ধবল পালে
মন্দ মধুর হাওয়া।
দেখি নাই কভু দেখি নাই
এমন তরণী বাওয়া।
কোন্ সাগরের পার হতে আনে
কোন্ সুদূরের ধন –
ভেসে যেতে চায় মন,
ফেলে যেতে চায় এই কিনারায়
সব চাওয়া সব পাওয়া।

পিছনে ঝরিছে ঝর ঝর জল,
গুরু গুরু দেয়া ডাকে।
মুখে এসে পড়ে অরুণকিরণ
-ছিন্ন মেঘের ফাঁকে।
ওগো কাণ্ডারী, কে গো তুমি, কার
হাসিকান্নার ধন।
ভেবে মরে মোর মন,
কোন্ সুরে আজ বাঁধিবে যন্ত্র,
কী মন্ত্র হবে গাওয়া।

শান্তিনিকেতন
3 ভাদ্র, 1315

(13)

আমার নয়ন-ভুলানো এলে।

আমার নয়ন-ভুলানো এলে।
আমি কী হেরিলাম হৃদয় মেলে।
শিউলিতলার পাশে পাশে
ঝরা ফুলের রাশে রাশে
শিশির-ভেজা ঘাসে ঘাসে
অরুণরাঙা চরণ ফেলে
নয়ন-ভুলানো এলে।

আলোছায়ার আঁচলখানি
লুটিয়ে পড়ে বনে বনে,
ফুলগুলি ওই মুখে চেয়ে
কী কথা কয় মনে মনে।

তোমায় মোরা করব বরণ,
মুখের ঢাকা করো হরণ,
ওইটুকু ওই মেঘাবরণ
দু হাত দিয়ে ফেলো ঠেলে।
নয়ন-ভুলানো এলে।

বনদেবীর দ্বারে দ্বারে
শুনি গভীর শঙ্খধ্বনি,
আকাশবীণার তারে তারে
জাগে তোমার আগমনী।

কোথায় সোনার নূপুর বাজে,
বুঝি আমার হিয়ার মাঝে,
সকল ভাবে সকল কাজে
পাষাণ-গালা সুধা ঢেলে –
নয়ন-ভুলানো এলে।

শান্তিনিকেতন
7 ভাদ্র, 1315

★★★

(14)

জননী, তোমার করুণ চরণখানি

জননী, তোমার করুণ চরণখানি
হেরিনু আজি এ অরুণকিরণ রূপে।
জননী, তোমার মরণহরণ বাণী
নীরব গগনে ভরি উঠে চুপে চুপে।

তোমারে নমি হে সকল ভুবনমাঝে,
তোমারে নমি হে সকল জীবন-কাজে;
তনু মন ধন করি নিবেদন আজি
ভক্তিপাবন তোমার পূজার ধূপে।
জননী, তোমার করুণ চরণখানি
হেরিনু আজি এ অরুণকিরণ রূপে।

1315

(15)

জগৎ জুড়ে উদার সুরে

জগৎ জুড়ে উদার সুরে
আনন্দগান বাজে,
সে গান কবে গভীর রবে
বাজিবে হিয়া-মাঝে।
বাতাস জল আকাশ আলো
সবারে কবে বাসিব ভালো,
হৃদয়সভা জুড়িয়া তারা
বসিবে নানা সাজে।

নয়নদুটি মেলিলে কবে
পরাণ হবে খুশি,
যে পথ দিয়া চলিয়া যাব
সবারে যাব তুষি।

রয়েছে তুমি, এ কথা কবে
জীবন-মাঝে সহজ হবে –
আপনি কবে তোমারি নাম
ধ্বনিবে সব কাজে।

বোলপুর
আষাঢ়, 1316

(16)

মেঘের 'পরে মেঘ জমেছে,

মেঘের 'পরে মেঘ জমেছে,
আঁধার করে আসে –
আমায় কেন বসিয়ে রাখ
একা দ্বারের পাশে।
কাজের দিনে নানা কাজে
থাকি নানা লোকের মাঝে,
আজ আমি যে বসে আছি
তোমারি আশ্বাসে।
আমায় কেন বসিয়ে রাখ
একা দ্বারের পাশে।

তুমি যদি দেখা দাও,
কর আমায় হেলা,
কেমন করে কাটে আমার
এমন বাদল-বেলা।
দূরের পানে মেলে আঁখি
কেবল আমি চেয়ে থাকি,
পরান আমার কেঁদে বেড়ায়
দূরন্ত বাতাসে।
আমায় কেন বসিয়ে রাখ
একা দ্বারের পাশে।

বোলপুর
আষাঢ়, 1316

(17)

কোথায় আলো, কোথায় ওরে আলো !

কোথায় আলো, কোথায় ওরে আলো !
বিরহানলে জ্বালো রে তারে জ্বালো।
রয়েছে দীপ না আছে শিখা,
এই কি ভালে ছিল রে লিখা –
ইহার চেয়ে মরণ সে যে ভালো।
বিরহানলে প্রদীপখানি জ্বালো।

বেদনাদূতী গাহিছে, 'ওরে প্রাণ,
তোমার লাগি জাগেন ভগবান।
নিশীথে ঘন অন্ধকারে
ডাকেন তোরে প্রেমাভিসারে,
দুঃখ দিয়ে রাখেন তোর মান।
তোমার লাগি জাগেন ভগবান।

গগনতল গিয়েছে মেঘে ভরি,
বাদল জল পড়িছে ঝরি ঝরি।
এ ঘোর রাতে কিসের লাগি
পরান মম সহসা জাগি
এমন কেন করিছে মরি মরি।
বাদল জল পড়িছে ঝরি ঝরি।

বিজুলি শুধু ক্ষণিক আভা হানে,
নিবিড়তর তিমির চোখে আনে।
জানি না কোথা অনেক দূরে
বাজিল গান গভীর সুরে,
সকল প্রাণ টানিছে পথপানে।
নিবিড়তর তিমির চোখে আনে।

কোথায় আলো, কোথায় ওরে আলো।
বিরহানলে জ্বালো রে তারে জ্বালো।
ডাকিছে মেঘ, হাঁকিছে হাওয়া,
সময় গেলে হবে না যাওয়া,
নিবিড় নিশা নিকষঘন কালো।
পরান দিয়ে প্রেমের দীপ জ্বালো।

বোলপুর
আষাঢ়, 1316

(18)
আজি শ্রাবণ-ঘন-গহন-মোহে

আজি শ্রাবণ-ঘন-গহন-মোহে
গোপন তব চরণ ফেলে
নিশার মতো নীরব ওহে
সবার দিঠি এড়ায়ে এলে।
প্রভাত আজি মুদেছে আঁখি,
বাতাস বৃথা যেতেছে ডাকি,
নিলাজ নীল আকাশ ঢাকি
নিবিড় মেঘ কে দিল মেলে।

কূজনহীন কাননভূমি,
দুয়ার-দেওয়া সকল ঘরে –

একেলা কোন্ পথিক তুমি
পথিকহীন পথের 'পরে।
হে একা সখা, হে প্রিয়তম,
রয়েছে খোলা এ ঘর মম,
সমুখ দিয়ে স্বপনসম
যেয়ো না মোরে হেলায় ঠেলে।

বোলপুর
আষাঢ়, 1316

(19)

আষাঢ়সন্ধ্যা ঘনিয়ে এল,

আষাঢ়সন্ধ্যা ঘনিয়ে এল,
গেল রে দিন বয়ে।
বাঁধনহারা বৃষ্টিধারা
ঝরছে রয়ে রয়ে।
একলা বসে ঘরের কোণে
কী ভাবি যে আপন-মনে,
সজল হাওয়া যূথীর বনে
কী কথা যায় কয়ে।
বাঁধনহারা বৃষ্টিধারা
ঝরছে রয়ে রয়ে।

হৃদয়ে আজ ঢেউ দিয়েছে;
খুঁজে না পাই কূল;
সৌরভে প্রাণ কাঁদিয়ে তুলে
ভিজে বনের ফুল।
আঁধার রাতে প্রহরগুলি
কোন্ সুরে আজ ভরিয়ে তুলি,
কোন্ ভুলে আজ সকল ভুলি
আছি আকুল হয়ে।
বাঁধনহারা বৃষ্টিধারা
ঝরছে রয়ে রয়ে।

শিলাইদহ
আষাঢ়, 1316

(20)

আজি ঝড়ের রাতে তোমার অভিসার,

আজি ঝড়ের রাতে তোমার অভিসার,
পরানসখা বন্ধু হে আমার।
আকাশ কাঁদে হতাশ-সম,
নাই যে ঘুম নয়নে মম,

দুয়ার খুলি হে প্রিয়তম,
চাই যে বারে বার।
পরানসখা বন্ধু হে আমার।

বাহিরে কিছু দেখিতে নাহি পাই,
তোমার পথ কোথায় ভাবি তাই।
সুদূর কোন্ নদীর পারে,
গহন কোন্ বনের ধারে,
গভীর কোন্ অন্ধকারে
হতেছ তুমি পার।
পরানসখা বন্ধু হে আমার

'পদ্মা' বোট
শ্রাবণ, 1316

(21)

জানি জানি কোন্ আদি কাল হতে

জানি জানি কোন্ আদি কাল হতে
ভাসালে আমারে জীবনের স্রোতে,
সহসা হে প্রিয়, কত গৃহে পথে
রেখে গেছ প্রাণে কত হরষন।

কতবার তুমি মেঘের আড়ালে
এমনি মধুর হাসিয়া দাঁড়ালে,
অরুণকিরণে চরণ বাড়ালে,
ললাটে রাখিলে শুভ পরশন।

সঞ্চিত হয়ে আছে এই চোখে
কত কালে কালে কত লোকে লোকে
কত নব নব আলোকে আলোকে
অরূপের কত রূপদরশন।

কত যুগে যুগে, কেহ নাহি জানে
ভরিয়া ভরিয়া উঠেছে পরানে
কত সুখে দুখে কত প্রেমে গানে
অমৃতের কত রসবরষন।

বোলপুর
10 ভাদ্র, 1316

(22)

তুমি কেমন করে গান কর যে গুণী,

তুমি কেমন করে গান কর যে গুণী,
অবাক হয়ে শুনি, কেবল শুনি।
সুরের আলো ভুবন ফেলে ছেয়ে,
সুরের হাওয়া চলে গগন বেয়ে,
পাষাণ টুটে ব্যাকুল বেগে ধেয়ে,
বহিয়া যায় সুরের সুরধুনী।

মনে করি অমনি সুরে গাই,
কণ্ঠে আমার সুর খুঁজে না পাই।
কইতে কী চাই, কইতে কথা বাধে –
হার মেনে যে পরান আমার কাঁদে –
আমায় তুমি ফেলেছ কোন্ ফাঁদে
চৌদিকে মোর সুরের জাল বুনি।

10 ভাদ্র, 1316
রাত্রি

(23)

অমন আড়াল দিয়ে লুকিয়ে গেলে

অমন আড়াল দিয়ে লুকিয়ে গেলে
চলবে না।
এবার হৃদয়-মাঝে লুকিয়ে বোসো,
কেউ জানবে না, কেউ বলবে না।
বিশ্বে তোমার লুকোচুরি,
দেশ-বিদেশে কতই ঘুরি –
এবার বলো, আমার মনের কোণে
দেবে ধরা, ছলবে না।
আড়াল দিয়ে লুকিয়ে গেলে
চলবে না।

জানি আমার কঠিন হৃদয়
চরণ রাখার যোগ্য সে নয় –
সখা, তোমার হাওয়া লাগলে হিয়ায়
তবু কি প্রাণ গলবে না।

নাহয় আমার নাই সাধনা,
ঝরলে তোমার কৃপার কণা
তখন নিমেষে কি ফুটবে না ফুল,
চকিতে ফল ফলবে না।

আড়াল দিয়ে লুকিয়ে গেলে
চলবে না।

বোলপুর
11 ভাদ্র, 1316
রাত্রি

(24)

যদি তোমার দেখা না পাই প্রভু,

যদি তোমার দেখা না পাই প্রভু,
এবার এ জীবনে
তবে তোমায় আমি পাই নি যেন
সে কথা রয় মনে।
যেন ভুলে না যাই, বেদনা পাই
শয়নে স্বপনে।

এ সংসারের হাটে
আমার যতই দিবস কাটে,
আমার যতই দু হাত ভরে ওঠে ধনে,
তবু কিছুই আমি পাই নি যেন
সে কথা রয় মনে।
যেন ভুলে না যাই, বেদনা পাই
শয়নে স্বপনে।

যদি আলসভরে
আমি বসি পথের 'পরে,
যদি ধূলায় শয়ন পাতি সযতনে,
যেন সকল পথই বাকি আছে
সে কথা রয় মনে।
যেন ভুলে না যাই, বেদনা পাই
শয়নে স্বপনে।

যতই উঠে হাসি
ঘরে যতই বাজে বাঁশি,
ওগো যতই গৃহ সাজাই আয়োজনে,
যেন তোমায় ঘরে হয় নি আনা
সে কথা রয় মনে।
যেন ভুলে না যাই, বেদনা পাই
শয়নে স্বপনে।

12 ভাদ্র, 1316

(25)

হেরি অহরহ তোমারি বিরহ

হেরি অহরহ তোমারি বিরহ
ভুবনে ভুবনে রাজে হে।
কত রূপ ধ'রে কাননে ভূধরে
আকাশে সাগরে সাজে হে।
সারা নিশি ধরি তারায় তারায়
অনিমেষ চোখে নীরবে দাঁড়ায়
পল্লবদলে শ্রাবণধারায়
তোমারি বিরহ বাজে হে।

ঘরে ঘরে আজি কত বেদনায়
তোমারি গভীর বিরহ ঘনায়,
কত প্রেমে হায় কত বাসনায়
কত সুখে দুখে কাজে হে।

সকল জীবন উদাস করিয়া
কত গানে সুরে গলিয়া ঝরিয়া
তোমারি বিরহ উঠিছে ভরিয়া
আমার হিয়ার মাঝে হে।

12 ভাদ্র, 1316
রাত্রি

(26)

আর নাই রে বেলা, নামল ছায়া

আর নাই রে বেলা, নামল ছায়া
ধরণীতে,
এখন চল্ রে ঘাটে কলসখানি
ভরে নিতে।
জলধারার কলস্বরে
সন্ধ্যাগগন আকুল করে,
ওরে ডাকে আমায় পথের 'পরে
সেই ধ্বনিতে।
চল্ রে ঘাটে কলসখানি
ভরে নিতে।
এখন বিজন পথে করে না কেউ
আসা-যাওয়া –
ওরে, প্রেম-নদীতে উঠেছে ঢেউ,
উতল হাওয়া।
জানি নে আর ফিরব কিনা,
কার সাথে আজ হবে চিনা,
ঘাটে সেই অজানা বাজায় বীণা
তরণীতে।
চল্ রে ঘাটে কলসখানি
ভরে নিতে।

13 ভাদ্র, 1316

(27)
আজ বারি ঝরে ঝর ঝর

আজ বারি ঝরে ঝর ঝর
ভরা বাদরে।
আকাশ-ভাঙা আকুল ধারা
কোথাও না ধরে।
শালের বনে থেকে থেকে
ঝড় দোলা দেয় হেঁকে হেঁকে,
জল ছুটে যায় এঁকেবেঁকে
মাঠের 'পরে।
আজ মেঘের জটা উড়িয়ে দিয়ে
নৃত্য কে করে।

ওরে বৃষ্টিতে মোর ছুটেছে মন,
লুটেছে ওই ঝড়ে,
বুক ছাপিয়ে তরঙ্গ মোর
কাহার পায়ে পড়ে।
অন্তরে আজ কী কলরোল,
দ্বারে দ্বারে ভাঙল আগল,
হৃদয়-মাঝে জাগল পাগল
আজি ভাদরে।
আজ এমন করে কে মেতেছে
বাহিরে ঘরে।

14 ভাদ্র, 1316

(28)

প্রভু তোমা লাগি আঁখি জাগে;

প্রভু তোমা লাগি আঁখি জাগে;
দেখা নাই পাই
পথ চাই,
সেও মনে ভালো লাগে।

ধূলাতে বসিয়া দ্বারে
ভিখারি হৃদয় হা রে,
তোমারি করুণা মাগে।
কৃপা নাই পাই,
শুধু চাই,
সেও মনে ভালো লাগে।

আজি এ জগত-মাঝে
কত সুখে কত কাজে
চলে গেল সবে আগে।
সাথি নাই পাই,
তোমায় চাই,
সেও মনে ভালো লাগে।

চারি দিকে সুধাভরা
ব্যাকুল শ্যামল ধরা
কাঁদায় রে অনুরাগে।
দেখা নাই নাই,
ব্যথা পাই,
সেও মনে ভালো লাগে।

14 ভাদ্র, 1316
রাত্রি

(29)

ধনে জনে আছি জড়ায়ে হায়,

ধনে জনে আছি জড়ায়ে হায়,
তবু জান, মন তোমারে চায়।
অন্তরে আছ হে অন্তর্যামী,
আমা চেয়ে আমায় জানিছ স্বামী –
সব সুখে দুখে ভুলে থাকায়
জান, মম মন তোমারে চায়।

ছাড়িতে পারি নি অহংকারে,
ঘুরে মরি শিরে বহিয়া তারে,
ছাড়িতে পারিলে বাঁচি যে হায় –
তুমি জান, মন তোমারে চায়।

যা আছে আমার সকলই কবে
নিজ হাতে তুমি তুলিয়া লবে।
সব ছেড়ে সব পাব তোমায়,
মনে মনে মন তোমারে চায়।

15 ভাদ্র, 1316

(30)

এই তো তোমার প্রেম, ওগো

এই তো তোমার প্রেম, ওগো
হৃদয়হরণ
এই-যে পাতায় আলো নাচে
সোনার বরন।
এই-যে মধুর আলস-ভরে
মেঘ ভেসে যায় আকাশ-'পরে,
এই-যে বাতাস দেহে করে
অমৃত ক্ষরণ –
এই তো তোমার প্রেম, ওগো
হৃদয়হরণ!

প্রভাত-আলোর ধারায় আমার
নয়ন ভেসেছে।
এই তোমারি প্রেমের বাণী
প্রাণে এসেছে।
তোমারি মুখ ওই নুয়েছে,
মুখে আমার চোখ থুয়েছে,
আমার হৃদয় আজ ছুঁয়েছে
তোমারি চরণ।

16 ভাদ্র, 1316

(31)

আমি হেথায় থাকি শুধু

আমি হেথায় থাকি শুধু
গাইতে তোমার গান,
দিয়ো তোমার জগৎ সভায়
এইটুকু মোর স্থান।
আমি তোমার ভুবন-মাঝে
লাগি নি নাথ, কোনো কাজে –
শুধ কেবল সুরে বাজে
অকাজের এই প্রাণ।

নিশায় নীরব দেবালয়ে
তোমার আরাধন,
তখন মোরে আদেশ কোরো
গাইতে হে রাজন্।
ভোরে যখন আকাশ জুড়ে
বাজবে বীণা সোনার সুরে
আমি যেন না রই দূরে
এই দিয়ো মোর মান।

16 ভাদ্র, 1316

(32)

দাও হে আমার ভয় ভেঙে দাও।

দাও হে আমার ভয় ভেঙে দাও।
আমার দিকে ও মুখ ফিরাও
পাশে থেকে চিনতে নারি,
কোন্ দিকে যে কী নেহারি,
তুমি আমার হৃদ্‌বিহারী
হৃদয়পানে হাসিয়া চাও।

বলো আমায় বলো কথা,
গায়ে আমার পরশ করো।
দক্ষিণ হাত বাড়িয়ে দিয়ে
আমায় তুমি তুলে ধরো।
যা বুঝি সব ভুল বুঝি হে,
যা খুঁজি সব ভুল খুঁজি হে –
হাসি মিছে, কান্না মিছে,
সামনে এসে এ ভুল ঘুচাও।

16 ভাদ্র, 1316

(33)

আবার এরা ঘিরেছে মোর মন।

আবার এরা ঘিরেছে মোর মন।
আবার চোখে নামে যে আবরণ।
আবার এ যে নানা কথাই জমে,
চিত্ত আমার নানা দিকেই ভ্রমে,
দাহ আবার বেড়ে ওঠে ক্রমে,
আবার এ যে হারাই শ্রীচরণ।

তব নীরব বাণী হৃদয়তলে
ডোবে না যেন লোকের কোলাহলে।
সবার মাঝে আমার সাথে থাকো,
আমায় সদা তোমার মাঝে ঢাকো,
নিয়ত মোর চেতনা-'পরে রাখো
আলোকে-ভরা উদার ত্রিভুবন।

16 ভাদ্র, 1316

(34)

আমার মিলন লাগি তুমি

আমার মিলন লাগি তুমি
আসছ কবে থেকে।
তোমার চন্দ্র সূর্য তোমায়
রাখবে কোথায় ঢেকে।
কত কালের সকাল-সাঁঝে
তোমার চরণধ্বনি বাজে,
গোপনে দূত হৃদয়-মাঝে
গেছে আমায় ডেকে।

ওগো পথিক, আজকে আমার
সকল পরান ব্যেপে
থেকে থেকে হরষ যেন
.উঠছে কেঁপে কেঁপে
যেন সময় এসেছে আজ,
ফুরালো মোর যা ছিল কাজ –
বাতাস আসে, হে মহারাজ,
তোমার গন্ধ মেখে।

16 ভাদ্র, 1316

(35)

এসো হে এসো, সজল ঘন,

এসো হে এসো, সজল ঘন,
বাদলবরিষনে –
বিপুল তব শ্যামল স্নেহে
এসো হে এ জীবনে।
এসো হে গিরিশিখর চুমি,
ছায়ায় ঘিরি কাননভূমি –
গগন ছেয়ে এসো হে তুমি
গভীর গরজনে।

ব্যথিয়ে উঠে নীপের বন
পুলকভরা ফুলে।
উছলি উঠে কলরোদন
নদীর কূলে কূলে।
এসো হে এসো হৃদয়ভরা,
এসো হে এসো পিপাসা-হরা,
এসো হে আঁখি-শীতল-করা
ঘনায়ে এসো মনে।

17 ভাদ্র, 1316

(36)

পারবি না কি যোগ দিতে এই ছন্দে রে,

পারবি না কি যোগ দিতে এই ছন্দে রে,
খসে যাবার ভেসে যাবার
ভাঙবারই আনন্দে রে।
পাতিয়া কান শুনিস না যে
দিকে দিকে গগনমাঝে
মরণবীণায় কী সুর বাজে
তপন-তারা-চন্দ্রে রে
জ্বালিয়ে আগুন ধেয়ে ধেয়ে
জ্বলবারই আনন্দে রে।

পাগল-করা গানের তানে
ধায় যে কোথা কেইবা জানে,
চায় না ফিরে পিছন-পানে
রয় না বাঁধা বন্ধে রে
লুটে যাবার ছুটে যাবার
চলবারই আনন্দে রে।

সেই আনন্দ-চরণপাতে
ছয় ঋতু যে নৃত্যে মাতে,
প্লাবন বহে যায় ধরাতে
বরনগীতে গন্ধে রে
ফেলে দেবার ছেড়ে দেবার
মরবারই আনন্দে রে।

বোলপুর
18 ভাদ্র, 1316

(37)

নিশার স্বপন ছুট্‌ল রে, এই

নিশার স্বপন ছুট্‌ল রে, এই
ছুট্‌ল রে।
টুট্‌ল বাঁধন টুট্‌ল রে।
রইল না আর আড়াল প্রাণে,
বেরিয়ে এলেম জগৎ-পানে,
হৃদয়-শতদলের সকল
দলগুলি এই ফুট্‌ল রে, এই
ফুট্‌ল রে।

দুয়ার আমার ভেঙে শেষে
দাঁড়ালে যেই আপনি এসে
নয়নজলে ভেসে হৃদয়
চরণ-তলে লুট্‌ল রে।

আকাশ হতে প্রভাত-আলো
আমার পানে হাত বাড়ালো,
ভাঙা কারার দ্বারে আমার
জয়ধ্বনি উঠল রে, এই
উঠল রে।

18 ভাদ্র, 1316

(38)

শরতে আজ কোন্ অতিথি

শরতে আজ কোন্ অতিথি
এল প্রাণের দ্বারে।
আনন্দগান গা রে হৃদয়,
আনন্দগান গা রে।
নীল আকাশের নীরব কথা
শিশির-ভেজা ব্যাকুলতা
বেজে উঠুক আজি তোমার
বীণার তারে তারে।

শস্যখেতের সোনার গানে
যোগ দে রে আজ সমান তানে,
ভাসিয়ে দে সুর ভরা নদীর
অমল জলধারে।

যে এসেছে তাহার মুখে
দেখ্ রে চেয়ে গভীর সুখে,
দুয়ার খুলে তাহার সাথে
বাহির হয়ে যা রে।

শান্তিনিকেতন
18 ভাদ্র, 1316

(39)

হেথা যে গান গাহিতে আসা আমার

হেথা যে গান গাহিতে আসা আমার
হয় নি সে গান গাওয়া –
আজো কেবলই সুর সাধা, আমার
কেবল গাহিতে চাওয়া।
আমার লাগে নাই সে সুর, আমার
বাঁধে নাই সে কথা –
শুধু প্রাণেরই মাঝখানে আছে
গানের ব্যাকুলতা।
আজো ফোটে নাই সে ফুল, শুধু
বহেছে এক হাওয়া।

আমি দেখি নাই তার মুখ, আমি
শুনি নাই তার বাণী –
কেবল শুনি ক্ষণে ক্ষণে তাহার
পায়ের ধ্বনিখানি।
আমার দ্বারের সমুখ দিয়ে সে জন
করে আসা-যাওয়া।

শুধু আসন পাতা হল আমার
সারাটি দিন ধ'রে –
ঘরে হয় নি প্রদীপ জ্বালা, তারে
ডাকব কেমন ক'রে।
আছি পাবার আশা নিয়ে, তারে
হয় নি আমার পাওয়া।

কলিকাতা
27 ভাদ্র, 1316

(40)
যা হারিয়ে যায় তা আগলে বসে

যা হারিয়ে যায় তা আগলে বসে
রইব কত আর।
আর পারি নে রাত জাগতে হে নাথ,
ভাবতে অনিবার।
আছি রাত্রিদিবস ধরে
দুয়ার আমার বন্ধ করে,
আসতে যে চায় সন্দেহে তায়
তাড়াই বারে বার।

তাই তো কারো হয় না আসা
আমার একা ঘরে।
আনন্দময় ভুবন তোমার
বাইরে খেলা করে।

তুমিও বুঝি পথ নাহি পাও,
এসে এসে ফিরিয়া যাও,
রাখতে যা চাই রয় না তাও –
ধূলায় একাকার।

কলিকাতা
01 আশ্বিন, 1316

(41)

এই মলিন বস্ত্র ছাড়তে হবে

এই মলিন বস্ত্র ছাড়তে হবে
হবে গো এইবার –
আমার এই মলিন অহংকার –
দিনের কাজে ধূলা লাগি
অনেক দাগে হল দাগি,
এমনি তপ্ত হয়ে আছে
সহ্য করা ভার।
আমার এই মলিন অহংকার।

এখন তো কাজ সাঙ্গ হল
দিনের অবসানে,
হল রে তাঁর আসার সময়
আশা এল প্রাণে।
স্নান করে আয় এখন তবে
প্রেমের বসন পরতে হবে,
সন্ধ্যাবনের কুসুম তুলে
গাঁথতে হবে হার।
ওরে আয়, সময় নেই যে আর।

19 আশ্বিন, 1316

(42)

গায়ে আমার পুলক লাগে

গায়ে আমার পুলক লাগে
চোখে ঘনায় ঘোর,
হৃদয়ে মোর কে বেঁধেছে
রাঙা রাখীর ডোর।
আজিকে এই আকাশতলে
জলে স্থলে ফুলে ফলে
কেমন করে মনোহরণ
ছড়ালে মন মোর।

কেমন খেলা হল আমার
আজি তোমার সনে।
পেয়েছি কি খুঁজে বেড়াই
ভেবে না পাই মনে।
আনন্দ আজ কিসের ছলে
কাঁদিতে চায় নয়নজলে,
বিরহ আজ মধুর হয়ে
করেছে প্রাণ ভোর।

শিলাইদহ
25 আশ্বিন, 1316

(43)

প্রভু, আজি তোমার দক্ষিণ হাত

প্রভু, আজি তোমার দক্ষিণ হাত
রেখো না ঢাকি।
এসেছি তোমারে, হে নাথ,
পরাতে রাখী।
যদি বাঁধি তোমার হাতে
পড়ব বাঁধা সবার সাথে,
যেখানে যে আছে কেহই
রবে না বাকি।

আজি যেন ভেদ নাহি রয়
আপনা পরে,
তোমায় যেন এক দেখি হে
বাহিরে ঘরে।
তোমার সাথে যে বিচ্ছেদে
ঘুরে বেড়াই কেঁদে কেঁদে,
ক্ষণেক-তরে ঘুচাতে তাই
তোমারে ডাকি।

শিলাইদহ
27 আশ্বিন, 1316

(44)

জগতে আনন্দযজ্ঞে আমার নিমন্ত্রণ।

জগতে আনন্দযজ্ঞে আমার নিমন্ত্রণ।
ধন্য হল ধন্য হল মানবজীবন।
নয়ন আমার রূপের পুরে
সাধ মিটায়ে বেড়ায় ঘুরে,
শ্রবণ আমার গভীর সুরে
হয়েছে মগন।

তোমার যজ্ঞে দিয়েছ ভার
বাজাই আমি বাঁশি।
গানে গানে গেঁথে বেড়াই
প্রাণের কান্নাহাসি।
এখন সময় হয়েছে কি।
সভায় গিয়ে তোমায় দেখি
জয়ধ্বনি শুনিয়ে যাব।
এ মোর নিবেদন।

শিলাইদহ
30 আশ্বিন, 1316

(45)

আলোয় আলোকময় ক'রে হে

আলোয় আলোকময় ক'রে হে
এলে আলোর আলো।
আমার নয়ন হতে আঁধার
মিলালো মিলালো।
সকল আকাশ সকল ধরা
আনন্দে হাসিতে ভরা,
যে দিকপানে নয়ন মেলি
ভালো সবই ভালো।

তোমার আলো গাছের পাতায়
নাচিয়ে তোলে প্রাণ।
তোমার আলো পাখির বাসায়
জাগিয়ে তোলে গান।
তোমার আলো ভালোবেসে
পড়েছে মোর গায়ে এসে,
হৃদয়ে মোর নির্মল হাত
বুলালো বুলালো।

বোলপুর
20 অগ্রহায়ণ, 1316

(46)

আসনতলের মাটির 'পরে লুটিয়ে রব।

আসনতলের মাটির 'পরে লুটিয়ে রব।
তোমার চরণ-ধূলায় ধূলায় ধূসর হব।
কেন আমায় মান দিয়ে আর দূরে রাখ,
চিরজনম এমন করে ভুলিয়ো নাকো,
অসম্মানে আনো টেনে পায়ে তব।
তোমার চরণ-ধূলায় ধূলায় ধূসর হব।

আমি তোমার যাত্রীদলের রব পিছে,
স্থান দিয়ো হে, আমায় তুমি সবার নীচে।
প্রসাদ লাগি কত লোকে আসে ধেয়ে,
আমি কিছু চাইব না তো রইব চেয়ে –
সবার শেষে বাকি যা রয় তাহাই লব।
তোমার চরণ-ধূলায় ধূলায় ধূসর হব।

শান্তিনিকেতন
10 পৌষ, 1316

(47)

রূপসাগরে ডুব দিয়েছি

রূপসাগরে ডুব দিয়েছি
অরূপ রতন আশা করি;
ঘাটে ঘাটে ঘুরব না আর
ভাসিয়ে আমার জীর্ণ তরী।
সময় যেন হয় রে এবার
ঢেউ খাওয়া সব চুকিয়ে দেবার,
সুধায় এবার তলিয়ে গিয়ে
অমর হয়ে রব মরি।

যে গান কানে যায় না শোনা
সে গান যেথায় নিত্য বাজে,
প্রাণের বীণা নিয়ে যাব
সেই অতলের সভামাঝে।
চিরদিনের সুরটি বেঁধে
শেষ গানে তার কান্না কেঁদে,
নীরব যিনি তাঁহার পায়ে
নীরব বীণা দিব ধরি।

শান্তিনিকেতন
12 পৌষ, 1316

(48)

আকাশতলে উঠল ফুটে

আকাশতলে উঠল ফুটে
আলোর শতদল।
পাপড়িগুলি থরে থরে
ছড়ালো দিক্-দিগন্তরে,
ঢেকে গেল অন্ধকারের
নিবিড় কালো জল।
মাঝখানেতে সোনার কোষে
আনন্দে ভাই আছি বসে,
আমায় ঘিরে ছড়ায় ধীরে
আলোর শতদল।

আকাশেতে ঢেউ দিয়ে রে
বাতাস বহে যায়।
চার দিকে গান বেজে ওঠে,
চার দিকে প্রাণ নাচে ছোটে,
গগনভরা পরশখানি
লাগে সকল গায়।
ডুব দিয়ে এই প্রাণ-সাগরে
নিতেছি প্রাণ বক্ষ ভরে,
ফিরে ফিরে আমায় ঘিরে
বাতাস বহে যায়।

দশ দিকেতে আঁচল পেতে
কোল দিয়েছে মাটি।
রয়েছে জীব যে যেখানে
সকলকে সে ডেকে আনে,
সবার হাতে সবার পাতে
অন্ন সে দেয় বাঁটি।
ভরেছে মন গীতে গন্ধে,
বসে আছি মহানন্দে,
আমায় ঘিরে আঁচল পেতে
কোল দিয়েছে মাটি।

আলো, তোমায় নমি, আমার
মিলাক অপরাধ।
ললাটেতে রাখো আমার
পিতার আশীর্বাদ।
বাতাস, তোমায় নমি, আমার
ঘুচুক অবসাদ।
সকল দেহে বুলায়ে দাও
পিতার আশীর্বাদ।
মাটি, তোমায় নমি, আমার
মিটুক সর্ব সাধ।
গৃহ ভরে ফলিয়ে তোলো
পিতার আশীর্বাদ।

পৌষ, 1316

(49)

হেথায় তিনি কোল পেতেছেন

হেথায় তিনি কোল পেতেছেন
আমাদের এই ঘরে।
আসনটি তাঁর সাজিয়ে দে ভাই,
মনের মতো করে।
গান গেয়ে আনন্দমনে
ঝাঁটিয়ে দে সব ধূলা।
যত্ন করে দূর করে দে
আবর্জনাগুলা।
জল ছিটিয়ে ফুলগুলি রাখ
সাজিখানি ভরে –
আসনটি তাঁর সাজিয়ে দে, ভাই,
মনের মতো করে।

দিন-রজনী আছেন তিনি
আমাদের এই ঘরে,
সকালবেলায় তাঁরি হাসি
আলোক ঢেলে পড়ে।
যেমনি ভোরে জেগে উঠে
নয়ন মেলে চাই,
খুশি হয়ে আছেন চেয়ে
দেখতে মোরা পাই।
তাঁরি মুখের প্রসন্নতায়
সমস্ত ঘর ভরে।
সকালবেলায় তাঁরি হাসি
আলোক ঢেলে পড়ে।

একলা তিনি বসে থাকেন
আমাদের এই ঘরে
আমরা যখন অন্য কোথাও
চলি কাজের তরে।
দ্বারের কাছে তিনি মোদের
এগিয়ে দিয়ে যান –
মনের সুখে ধাই রে পথে,
আনন্দে গাই গান।
দিনের শেষে ফিরি যখন
নানা কাজের পরে,
দেখি তিনি একলা বসে
আমাদের এই ঘরে।

তিনি জেগে বসে থাকেন
আমাদের এই ঘরে
আমরা যখন অচেতনে
ঘুমাই শয্যা-'পরে।
জগতে কেউ দেখতে না পায়
লুকানো তাঁর বাতি,
আঁচল দিয়ে আড়াল ক'রে
জ্বালান সারা রাতি।
ঘুমের মধ্যে স্বপন কতই
আনাগোনা করে,
অন্ধকারে হাসেন তিনি
আমাদের এই ঘরে।

পৌষ, 1316

(50)

নিভৃত প্রাণের দেবতা

নিভৃত প্রাণের দেবতা
যেখানে জাগেন একা,
ভক্ত, সেথায় খোলো দ্বার –
আজ লব তার দেখা।
সারাদিন শুধু বাহিরে
ঘুরে ঘুরে কারে চাহি রে,
সন্ধ্যাবেলার আরতি
হয় নি আমার শেখা।

তব জীবনের আলোতে
জীবন-প্রদীপ জ্বালি
হে পূজারি, আজ নিভৃতে
সাজাব আমার থালি।
যেথা নিখিলের সাধনা
পূজালোক করে রচনা,
সেথায় আমিও ধরিব
একটি জ্যোতির রেখা।

শান্তিনিকেতন
17 পৌষ, 1316

(51)

কোন্ আলোতে প্রাণের প্রদীপ

কোন্ আলোতে প্রাণের প্রদীপ
জ্বালিয়ে তুমি ধরায় আস –
সধক ওগো, প্রেমিক ওগো,
পাগল ওগো, ধরায় আস।

এই অকূল সংসারে
দুঃখ-আঘাত তোমার প্রাণে বীণা ঝংকারে।
ঘোর বিপদ-মাঝে
কোন্ জননীর মুখের হাসি দেখিয়া হাস।

তুমি কাহার সন্ধানে
সকল সুখে আগুন জ্বেলে বেড়াও কে জানে
এমন ব্যাকুল করে
কে তোমারে কাঁদায় যারে ভালোবাস।

তোমার ভাবনা কিছু নাই –
কে যে তোমার সাথের সাথি ভাবি মনে তাই।
তুমি মরণ ভুলে
কোন্ অনন্ত প্রাণ-সাগরে আনন্দে ভাস।

17 পৌষ, 1316

(52)

তুমি আমার আপন, তুমি আছ আমার কাছে,

তুমি আমার আপন, তুমি আছ আমার কাছে,
এই কথাটি বলতে দাও হে বলতে দাও।
তোমার মাঝে মোর জীবনের সব আনন্দ আছে,
এই কথাটি বলতে দাও হে বলতে দাও।

আমায় দাও সুধাময় সুর,
আমার বাণী করো সুমধুর;
আমার প্রিয়তম তুমি, এই কথাটি
বলতে দাও হে বলতে দাও।

এই নিখিল আকাশ ধরা
এ যে তোমায় দিয়ে ভরা,
আমায় হৃদয় হতে এই কথাটি
বলতে দাও হে বলতে দাও।

দুখী জেনেই কাছে আস,
ছোটো বলেই ভালোবাস,
আমার ছোট মুখে এই কথাটি
বলতে দাও হে বলতে দাও।

মাঘ, 1316

(53)
নামাও নামাও আমায় তোমার

নামাও নামাও আমায় তোমার
চরণতলে –
গলাও হে মন, ভাসাও জীবন
নয়নজলে।
একা আমি অহংকারের
উচ্চ অচলে,
পাষাণ-আসন ধূলায় লুটাও,
ভাঙো সবলে।
নামাও নামাও আমায় তোমার
চরণতলে।

কী লয়ে বা গর্ব করি
ব্যর্থ জীবনে।
ভরা গৃহে শূন্য আমি
তোমা বিহনে।
দিনের কর্ম ডুবেছে মোর
আপন অতলে,
সন্ধ্যাবেলার পূজা যেন
যায় না বিফলে।
নামাও নামাও আমায় তোমার
চরণতলে।

মাঘ, 1316

(54)

আজি গন্ধবিধুর সমীরণে

আজি গন্ধবিধুর সমীরণে
কার সন্ধানে ফিরি বনে বনে।
আজি ক্ষুব্ধ নীলাম্বর-মাঝে
এ কী চঞ্চল ক্রন্দন বাজে।
সুদূর দিগন্তের সকরুণ সংগীত
লাগে মোর চিন্তায় কাজে –
আমি খুঁজি কারে অন্তরে মনে
গন্ধবিধুর সমীরণে।

ওগো জানি না কী নন্দনরাগে
সুখে উৎসুক যৌবন জাগে।
আজি আম্রমুকুলসৌগন্ধে,
নব- পল্লব-মর্মর ছন্দে
চন্দ্র-কিরণ সুধা-সিঞ্চিত অম্বরে
অশ্রুসরস মহানন্দে
আমি পুলকিত কার পরশনে
গন্ধবিধুর সমীরণে।

বোলপুর
ফাল্গুন, 1316

(55)

আজি বসন্ত জাগ্রত দ্বারে।

আজি বসন্ত জাগ্রত দ্বারে।
তব অবগুন্ঠিত কুন্ঠিত জীবনে
কোরো না বিড়ম্বিত তারে।
আজি খুলিয়ো হৃদয়দল খুলিয়ো,
আজি ভুলিয়ো আপনপর ভুলিয়ো,
এই সংগীতমুখরিত গগনে
তব গন্ধ তরঙ্গিয়া তুলিয়ো।
এই বাহির ভুবনে দিশা হারায়ে
দিয়ো ছড়ায়ে মাধুরী ভারে ভারে।

অতি নিবিড় বেদনা বনমাঝে রে
আজি পল্লবে পল্লবে বাজে রে –
দূরে গগনে কাহার পথ চাহিয়া
আজি ব্যাকুল বসুন্ধরা সাজে রে।
মোর পরানে দখিন বায়ু লাগিছে,
কারে দ্বারে দ্বারে কর হানি মাগিছে,
এই সৌরভবিহ্বল রজনী
কার চরণে ধরণীতলে জাগিছে।
ওগো সুন্দর, বল্লভ, কান্ত,
তব গম্ভীর আহ্বান কারে।

বোলপুর
20 চৈত্র, 1316

(56)

তব সিংহাসনের আসন হতে

তব সিংহাসনের আসন হতে
এলে তুমি নেমে –
মোর বিজন ঘরের দ্বারের কাছে
দাঁড়ালে নাথ থেমে।
একলা বসে আপন-মনে
গাইতেছিলেম গান,
তোমার কানে গেল সে সুর,
এলে তুমি নেমে –
মোর বিজন ঘরের দ্বারের কাছে
দাঁড়ালে নাথ, থেমে।

তোমার সভায় কত-না গান
কতই আছেন গুণী;
গুণহীনের গানখানি আজ
বাজল তোমার প্রেমে।
লাগল বিশ্বতানের মাঝে
একটি করুণ সুর,
হাতে লয়ে বরণমালা
এলে তুমি নেমে,
মোর বিজন ঘরের দ্বারের কাছে
দাঁড়ালে নাথ থেমে।

27 চৈত্র, 1316

(57)

তুমি এবার আমায় লহো হে নাথ, লহো।

তুমি এবার আমায় লহো হে নাথ, লহো।
এবার তুমি ফিরো না হে –
হৃদয় কেড়ে নিয়ে রহো।
যে দিন গেছে তোমা বিনা
তারে আর ফিরে চাহি না,
যাক সে ধূলাতে।
এখন তোমার আলোয় জীবন মেলে
যেন জাগি অহরহ।

কী আবেশে কিসের কথায়
ফিরেছি হে যথায় তথায়
পথে প্রান্তরে,
এবার বুকের কাছে ও মুখ রেখে
তোমার আপন বাণী কহো।

কত কলুষ কত ফাঁকি
এখনো যে আছে বাকি
মনের গোপনে –
আমায় তার লাগি আর ফিরায়ো না,
তারে আগুন দিয়ে দহো।

28 চৈত্র, 1316

(58)

জীবন যখন শুকায়ে যায়

জীবন যখন শুকায়ে যায়
করুণাধারায় এসো।
সকল মাধুরী লুকায়ে যায়,
গীতসুধারসে এসো।
কর্ম যখন প্রবল-আকার
গরজি উঠিয়া ঢাকে চারি ধার,
হৃদয়প্রান্তে হে নীরব নাথ,
শান্তচরণে এসো।

আপনারে যবে করিয়া কৃপণ
কোণে পড়ে থাকে দীনহীন মন,
দুয়ার খুলিয়া হে উদার নাথ,
রাজ-সমারোহে এসো।
বাসনা যখন বিপুল ধূলায়
অন্ধ করিয়া অবোধে ভুলায়
ওহে পবিত্র, ওহে অনিদ্র,
রুদ্র আলোকে এসো।

28 চৈত্র, 1316

(59)

এবার নীরব করে দাও হে তোমার

এবার নীরব করে দাও হে তোমার
মুখর কবিরে।
তার হৃদয়-বাঁশি আপনি কেড়ে
বাজাও গভীরে।
নিশীথরাতের নিবিড় সুরে
বাঁশিতে তান দাও হে পুরে,
যে তান দিয়ে অবাক কর'
গ্রহশশীরে।

যা-কিছু মোর ছড়িয়ে আছে
জীবন-মরণে,
গানের টানে মিলুক এসে
তোমার চরণে।
বহুদিনের বাক্যরাশি
এক নিমেষে যাবে ভাসি,
একলা বসে শুনব বাঁশি
অকূল তিমিরে।

30 চৈত্র, 1316

(60)

বিশ্ব যখন নিদ্রামগন,

বিশ্ব যখন নিদ্রামগন,
গগন অন্ধকার;
কে দেয় আমার বীণার তারে
এমন ঝংকার।
নয়নে ঘুম নিল কেড়ে,
উঠে বসি শয়ন ছেড়ে,
মেলে আঁখি চেয়ে থাকি
পাই নে দেখা তার।

গুঞ্জরিয়া গুঞ্জরিয়া
প্রাণ উঠিল পুরে,
জানি নে কোন্ বিপুল বাণী
বাজে ব্যাকুল সুরে।
কোন্ বেদনায় বুঝি না রে
হৃদয় ভরা অশ্রুভারে,
পরিয়ে দিতে চাই কাহারে
আপন কণ্ঠহার।

04 বৈশাখ, 1317

(61)

সে যে   পাশে এসে বসেছিল

সে যে   পাশে এসে বসেছিল
তবু জাগি নি
কী ঘুম তোরে পেয়েছিল
হতভাগিনী।
এসেছিল নীরব রাতে
বীণাখানি ছিল হাতে,
স্বপনমাঝে বাজিয়ে গেল
গভীর রাগিণী।

জেগে দেখি দখিন হওয়া
পাগল করিয়া
গন্ধ তাহার ভেসে বেড়ায়
আঁধার ভরিয়া।
কেন আমার রজনী যায়,
কাছে পেয়ে কাছে না পায়
কেন গো তার মালার পরশ
বুকে লাগে নি।

বোলপুর
12 বৈশাখ, 1317

(62)

তোরা শুনিস নি কি শুনিস নি তার পায়ের ধ্বনি,

তোরা শুনিস নি কি শুনিস নি তার পায়ের ধ্বনি,
ওই যে আসে, আসে, আসে।
যুগে যুগে পলে পলে দিন-রজনী
সে যে আসে, আসে, আসে।
গেয়েছি গান যখন যত
আপন-মনে খ্যাপার মতো
সকল সুরে বেজেছে তার
আগমনী –
সে যে আসে, আসে, আসে।

কত কালের ফাগুন-দিনে বনের পথে
সে যে আসে, আসে, আসে।
কত শ্রাবণ-অন্ধকারে মেঘের রথে
সে যে আসে, আসে, আসে।
দুখের পরে পরম দুখে
তারই চরণ বাজে, বুকে,
সুখে কখন্ বুলিয়ে সে দেয়
পরশমণি।
সে যে আসে, আসে, আসে।

কলিকাতা
03 জৈষ্ঠ, 1317

(63)

মেনেছি, হার মেনেছি।

মেনেছি, হার মেনেছি।
ঠেলতে গেছি তোমায় যত
আমায় তত হেনেছি।
আমার চিত্তগগন থেকে
তোমায় কেউ যে রাখবে ঢেকে
কোনমতেই সইবে না সে
বারেবারেই জেনেছি।

অতীত জীবন ছায়ার মতো
চলছে পিছে পিছে,
কত মায়ার বাঁশির সুরে
ডাকছে আমায় মিছে।
মিল ছুটেছে তাহার সাথে,
ধরা দিলেম তোমার হাতে,
যা আছে মোর এই জীবনে
তোমার দ্বারে এনেছি।

তিনধরিয়া
07 জৈষ্ঠ, 1317

(64)

একটি একটি করে তোমার

একটি একটি করে তোমার
পুরানো তার খোলো,
সেতারখানি নূতন বেঁধে তোলো।
ভেঙে গেছে দিনের মেলা,
বসবে সভা সন্ধ্যাবেলা,
শেষের সুর' যে বাজাবে তার
আসার সময় হল –
সেতারখানি নূতন বেঁধে তোলো।

দুয়ার তোমার খুলে দাও গো
আঁধার আকাশ-'পরে
সপ্ত লোকের নীরবতা
আসুক তোমার ঘরে।
এতদিন যে গেয়েছ গান
আজকে তারি হোক অবসান,
এ যন্ত্র যে তোমার যন্ত্র
সেই কথাটাই ভোলো।
সেতারখানি নূতন বেঁধে তোলো।

তিনধরিয়া
08 জৈষ্ঠ, 1317

(65)

কবে আমি বাহির হলেম তোমারি গান গেয়ে

কবে আমি বাহির হলেম তোমারি গান গেয়ে –
সে তো আজকে নয় সে আজকে নয়।
ভুলে গেছি কবে থেকে আসছি তোমায় চেয়ে
সে তো আজকে নয় সে আজকে নয়।
ঝরনা যেমন বাহরে যায়,
জানে না সে কাহারে চায়,
তেমনি করে ধেয়ে এলেম
জীবনধারা বেয়ে –
সে তো আজকে নয় সে আজকে নয়।

কতই নামে ডেকেছি যে,
কতই ছবি এঁকেছি যে,
কোন্ আনন্দে চলেছি তার
ঠিকানা না পেয়ে –
সে তো আজকে নয় সে আজকে নয়।

পুষ্প যেমন আলোর লাগি
না জেনে রাত কাটায় জাগি,
তেমনি তোমার আশায় আমার
হৃদয় আছে ছেয়ে –
সে তো আজকে নয় সে আজকে নয়।

তিনধরিয়া
09 জৈষ্ঠ, 1317

(66)

তোমার প্রেম যে বইতে পারি

তোমার প্রেম যে বইতে পারি
এমন সাধ্য নাই।
এ সংসারে তোমার আমার
মাঝখানতে তাই
কৃপা করে রেখেছ নাথ
অনেক ব্যবধান –
দুঃখসুখের অনেক বেড়া
ধনজনমান।
আড়াল থেকে ক্ষণে ক্ষণে
আভাসে দাও দেখা –
কালো মেঘের ফাঁকে ফাঁকে
রবির মৃদু রেখা।

শক্তি যারে দাও বহিতে
অসীম প্রেমের ভার
একেবারে সকল পর্দা
ঘুচায়ে দাও তার।
না রাখ তার ঘরের আড়াল,
না রাখ তার ধন,
পথে এনে নিঃশেষে তায়
কর অকিঞ্চন।
না থাকে তার মান অপমান,
লজ্জা শরম ভয় –
একলা তুমি সমস্ত তার

বিশ্বভুবনময়।
এমন করে মুখোমুখি
সামনে তোমার থাকা,
কেবলমাত্র তোমাতে প্রাণ
পূর্ণ করে রাখা,

এ দয়া যে পেয়েছে তার
লোভের সীমা নাই –
সকল লোভ সে সরিয়ে ফেলে
তোমায় দিতে ঠাঁই।

তিনধরিয়া
10 জৈষ্ঠ, 1317

★★★

(67)

সুন্দর, তুমি এসেছিলে আজ প্রাতে

সুন্দর, তুমি এসেছিলে আজ প্রাতে
অরুণ-বরন পারিজাত লয়ে হাতে।
নিদ্রিত পুরী, পথিক ছিল না পথে –
একা চলি গেলে তোমার সোনার রথে,
বারেক থামিয়া মোর বাতায়ন-পানে
চেয়েছিলে তব করুণ নয়নপাতে।
সুন্দর, তুমি এসেছিলে আজ প্রাতে।

স্বপন আমার ভরেছিল কোন্ গন্ধে
ঘরে আঁধার কেঁপেছিল কী আনন্দে,
ধূলায় লুটানো নীরব আমার বীণা
বেজে উঠেছিল অনাহত কী আঘাতে।

কতবার আমি ভেবেছিনু উঠি-উঠি,
আলস ত্যজিয়া পথে বাহিরাই ছুটি,
উঠিনু যখন তখন গিয়েছ চলে –
দেখা বুঝি আর হল না তোমার সাথে।
সুন্দর, তুমি এসেছিল আজ প্রাতে।

তিনধরিয়া
17 জৈষ্ঠ, 1317

(68)

আমার খেলা যখন ছিল তোমার সনে

আমার খেলা যখন ছিল তোমার সনে
তখন কে তুমি তা কে জানত।
তখন ছিল না ভয় ছিল না লাজ মনে,
জীবন বহে যেত অশান্ত।
তুমি ভোরের বেলা ডাক দিয়েছ কত
যেন আমার আপন সখার মতো,
হেসে তোমার সাথে ফিরেছিলেম ছুটে
সেদিন কত-না বন-বনান্ত।

ওগো সেদিন তুমি গাইতে যে-সব গানে
কোনো অর্থ তাহার কে জানত।
শুধু সঙ্গে তারি গাইত আমার প্রাণ,
সদা নাচত হৃদয় অশান্ত।
হঠাৎ খেলার শেষে আজ কী দেখি ছবি –
স্তব্ধ আকাশ, নীরব শশী রবি,
তোমার চরণপানে নয়ন করি নত
ভুবন দাঁড়িয়ে আছে একান্ত।

17 জৈষ্ঠ, 1317

(69)

ওই রে তরী দিল খুলে।

ওই রে তরী দিল খুলে।
তোর বোঝা কে নেবে তুলে।
সামনে যখন যাবি ওরে
থাক না পিছন পিছে পড়ে –
পিঠে তারে বইতে গেলি,
একলা পড়ে রইলি কূলে।

ঘরের বোঝা টেনে টেনে
পারের ঘাটে রাখলি এনে,
তাই যে তোরে বারে বারে
ফিরতে হল গেলি ভুলে।

ডাক রে আবার মাঝিরে ডাক,
বোঝা তোমার যাক ভেসে যাক,
জীবনখানি উজাড় করে
সঁপে দে তার চরণমূলে।

তিনধরিয়া
18 জৈষ্ঠ, 1317

(70)

চিত্ত আমার হারাল আজ

চিত্ত আমার হারাল আজ
মেঘের মাঝখানে,
কোথায় ছুটে চলেছে সে
কোথায় কে জানে।
বিজুলি তার বীণার তারে
আঘাত করে বারে বারে,
বুকের মাঝে বজ্র বাজে
কী মহাতানে।

পুঞ্জ পুঞ্জ ভারে ভারে
নিবিড় নীল অন্ধকারে
জড়াল রে অঙ্গ আমার,
ছড়াল প্রাণে।

পাগল হাওয়া নৃত্যে মাতি
হল আমার সাথে সাথি,
অট্টহাসে ধায় কোথা সে –
বারণ না মানে।

তিনধরিয়া
18 জ্যৈষ্ঠ, 1317

(71)

ওগো মৌন, না যদি কও

ওগো মৌন, না যদি কও
নাই কহিলে কথা।
বক্ষ ভরি বইব আমি
তোমার নীরবতা।
স্তব্ধ হয়ে রইব পড়ে
রজনী রয় যেমন করে
জ্বালিয়ে তারা নিমেষহারা
ধৈর্যে অবনতা।

হবে হবে প্রভাত হবে,
আঁধার যাবে কেটে।
তোমার বাণী সোনার ধারা
পড়বে আকাশ ফেটে।
তখন আমার পাখির বাসায়
জাগবে কি গান তোমার ভাষায়।
তোমার তানে ফোটাবে ফুল
আমার বনলতা ?

তিনধরিয়া
18 জ্যৈষ্ঠ, 1317

(72)
যতবার আলো জ্বালাতে চাই

যতবার আলো জ্বালাতে চাই
নিবে যায় বারে বারে।
আমার জীবনে তোমার আসন
গভীর অন্ধকারে।
যে লতাটি আছে শুকায়েছে মূল –
কুঁড়ি ধরে শুধু, নাহি ফোটে ফুল,
আমার জীবনে তব সেবা তাই
বেদনার উপহারে।

পূজাগৌরব পুণ্যবিভব
কিছু নাহি, নাহি লেশ –
এ তব পূজারি পরিয়া এসেছে
লজ্জার দীন বেশ।
উৎসবে তার আসে নাই কেহ,
বাজে নাই বাঁশি, সাজে নাই গেহ –
কাঁদিয়া তোমায় এনেছে ডাকিয়া
ভাঙা মন্দিরদ্বারে।

তিনধরিয়া
21 জৈষ্ঠ, 1317

(73)

সবা হতে রাখব তোমায়

সবা হতে রাখব তোমায়
আড়াল ক'রে
হেন পূজার ঘর কোথা পাই
আমার ঘরে।

যদি আমার দিনে রাতে
যদি আমার সবার সাথে
দয়া ক'রে দাও ধরা তো
রাখব ধরে।

মান দিব যে তেমন মানী
নই তো আমি,
পূজা করি সে আয়োজন
নাই তো স্বামী।

যদি তোমায় ভালোবাসি
আপনি বেজে উঠবে বাঁশি,
আপনি ফুটে উঠবে কুসুম,
কানন ভরে।

21 জৈষ্ঠ, 1317

(74)
বজ্রে তোমার বাজে বাঁশি,

বজ্রে তোমার বাজে বাঁশি,
সে কি সহজ গান।
সেই সুরেতে জাগব আমি
দাও মোরে সেই কান।
ভুলব না আর সহজেতে,
সেই প্রাণে মন উঠবে মেতে
মৃত্যুমাঝে ঢাকা আছে
যে অন্তহীন প্রাণ।

যে ঝড় যেন সই আনন্দে
চিত্তবীণার তারে
সপ্ত সিন্ধু দশ দিগন্ত
নাচাও যে ঝংকারে।
আরাম হতে ছিন্ন ক'রে
সেই গভীরে লও গো মোরে
অশান্তির অন্তরে যেথায়
শান্তি সুমহান।

তিনধরিয়া
21 জৈষ্ঠ, 1317

(75)

দয়া দিয়ে হবে গো মোর

দয়া দিয়ে হবে গো মোর
জীবন ধুতে –
নইলে কি আর পারব তোমার
চরণ ছুঁতে
তোমায় দিতে পূজার ডালি
বেরিয়ে পড়ে সকল কালি,
পরান আমার পারি নে তাই
পাথে থুতে।

এতদিন তো ছিল না মোর
কোনো ব্যথা,
সর্ব অঙ্গে মাখা ছিল
মলিনতা।
আজ ওই শুভ্র কোলের তরে
ব্যাকুল হৃদয় কেঁদে মরে –
দিয়ো না গো, দিয়ো না আর
ধূলায় শুতে।

কলিকাতা
24 জৈষ্ঠ, 1317

(76)

সভা যখন ভাঙবে তখন

সভা যখন ভাঙবে তখন
শেষের গান কি যাব গেয়ে।
হয়তো তখন কণ্ঠহারা
মুখের পানে রব চেয়ে।
এখনো যে সুর লাগে নি,
বাজবে কি আর সেই রাগিণী –
প্রেমের ব্যথা সোনার তানে
সন্ধ্যাগগন ফেলবে ছেয়ে ?

এতদিন যে সেধেছি সুর
দিনে রাতে আপন-মনে,
ভাগ্যে যদি সেই সাধনা
সমাপ্ত হয় এই জীবনে –
এ জনমের পূর্ণ বাণী
মানস-বনের পদ্মখানি
ভাসাব শেষ সাগরপানে
বিশ্বগানের ধারা বেয়ে।

কলিকাতা
24 জৈষ্ঠ, 1317

(77)

চিরজনমের বেদনা

চিরজনমের বেদনা
ওহে চিরজীবনের সাধনা,
তোমার আগুন উঠুক হে জ্বলে,
কৃপা করিয়ো না দুর্বল ব'লে,
যত তাপ পাই সহিবারে চাই –
পুড়ে হোক ছাই বাসনা।

অমোঘ যে ডাক সেই ডাক দাও,
আর দেরি কেন মিছে।
যা আছে বাঁধন বক্ষ জড়ায়ে
ছিঁড়ে পড়ে যাক পিছে।
গরজি গরজি শঙ্খ তোমার
বাজিয়া বাজিয়া উঠুক এবার,
গর্ব টুটিয়া নিদ্রা ছুটিয়া
জাগুক তীব্র চেতনা।

কলিকাতা
26 জৈষ্ঠ, 1317

(78)

তুমি যখন গান গাহিতে বল

তুমি যখন গান গাহিতে বল
গর্ব আমার ভ'রে ওঠে বুকে;
দুই আঁখি মোর করে ছল ছল
নিমেষহারা চেয়ে তোমার মুখে।
কঠিন কটু যা আছে মোর প্রাণে
গলিতে চায় অমৃতময় গানে,
সব সাধনা আরাধনা মম
উড়িতে চায় পাখির মতো সুখে।

তৃপ্ত তুমি আমার গীতরাগে,
ভালো লাগে তোমার ভালো লাগে –
জানি আমি এই গানেরই বলে
বসি গিয়ে তোমারি সম্মুখে।

মন দিয়ে যার নাগাল নাহি পাই,
গান দিয়ে সেই চরণ ছুঁয়ে যাই,
সুরের ঘোরে আপনাকে যাই ভুলে –
বন্ধু ব'লে ডাকি মোর প্রভুকে।

27 জৈষ্ঠ, 1317

(79)

ধায় যেন মোর সকল ভালোবাসা

ধায় যেন মোর সকল ভালোবাসা
প্রভু, তোমার পানে, তোমার পানে, তোমার পানে।
যায় যেন মোর সকল গভীর আশা
প্রভু, তোমার কানে, তোমার কানে, তোমার কানে।

চিত্ত মম যখন যেথায় থাকে
সাড়া যেন দেয় সে তোমার ডাকে,
যত বাধা সব টুটে যায় যেন
প্রভু, তোমার টানে, তোমার টানে, তোমার টানে।

বাহিরের এই ভিক্ষাভরা থালি
এবার যেন নিঃশেষে হয় খালি –
অন্তর মোর গোপনে যায় ভরে
প্রভু, তোমার দানে, তোমার দানে, তোমার দানে।

হে বন্ধু মোর, হে অন্তরতর,
এ জীবনে যা-কিছু সুন্দর
সকলই আজ বেজে উঠুক সুরে
প্রভু, তোমার গানে, তোমার গানে, তোমার গানে।

কলিকাতা
28 জৈষ্ঠ, 1317

(80)

তারা দিনের বেলা এসেছিল

তারা দিনের বেলা এসেছিল
আমার ঘরে –
বলেছিল, 'একটি পাশে
রইব প'ড়ে।'
বলেছিল, 'দেব্‌তাসেবায়
আমরা হব তোমার সহায় –
'যা-কিছু পাই প্রসাদ লব
পূজার পরে।'

এমনি করে দরিদ্র ক্ষীণ
মলিন বেশে
সংকোচেতে একটি কোণে
রইল এসে।
রাতে দেখি প্রবল হয়ে
পশে আমার দেবালয়ে,
মলিন হাতে পূজার বলি
হরণ করে।

বোলপুর
29 জৈষ্ঠ, 1317

(81)

তারা তোমার নামে বাটের মাঝে

তারা তোমার নামে বাটের মাঝে
মাসুল লয় যে ধরি,
দেখি শেষে ঘাটে এসে
নাইকো পারের কড়ি।
তারা তোমার কাজের ভানে
নাশ করে গো ধনে প্রাণে,
সামান্য যা আছে আমার
লয় তা অপহরি।

আজকে আমি চিনেছি সেই
ছদ্মবেশী-দলে,
তারাও আমায় চিনেছে হায়
শক্তিবিহীন ব'লে।
গোপন মূর্তি ছেড়েছে তাই,
লজ্জা শরম আর কিছু নাই,
দাঁড়িয়েছে আজ মাথা তুলে
পথ অবরোধ করি।

বোলপুর
29 জৈষ্ঠ, 1317

(82)

এই জ্যোৎস্নারাতে জাগে আমার প্রাণ;

এই জ্যোৎস্নারাতে জাগে আমার প্রাণ;
পাশে তোমার হবে কি আজ স্হান –
দেখতে পাব অপূর্ব সেই মুখ,
রইবে চেয়ে হৃদয় উৎসুক,
বারে বারে চরণ ঘিরে ঘিরে
ফিরবে আমার অশ্রুভরা গান ?

সাহস করে তোমার পদমূলে
আপনারে আজ ধরি নাই যে তুলে,
পড়ে আছি মাটিতে মুখ রেখে,
ফিরিয়ে পাছে দাও এ আমার দান।

আপনি যদি আমার হাতে ধরে
কাছে এসে উঠতে বল' মোরে
তবে প্রাণের অসীম দরিদ্রতা
এই নিমেষেই হবে অবসান।

বোলপুর
29 জৈষ্ঠ, 1317

(83)

কথা ছিল এক-তরীতে কেবল তুমি আমি

কথা ছিল এক-তরীতে কেবল তুমি আমি
যাব অকারণে ভেসে কেবল ভেসে,
ত্রিভুবনে জানবে না কেউ আমরা তীর্থগামী
কোথায় যেতেছি কোন্ দেশে সে কোন্ দেশে।
কূলহারা সেই সমুদ্র-মাঝখানে
শোনাব গান একলা তোমার কানে,
ঢেউয়ের মতন ভাষা-বাঁধন-হারা
আমার সেই রাগিণী শুনবে নীরব হেসে।

আজো সময় হয় নি তার, কাজ কি আছে বাকি।
ওগো ওই-যে সন্ধ্যা নামে সাগরতীরে।
মলিন আলোয় পাখা মেলে সিন্ধুপারের পাখি
আপন কুলায়-মাঝে সবাই এল ফিরে।
কখন তুমি আসবে ঘাটের 'পরে
বাঁধনটুকু কেটে দেবার তরে।
অস্তরবির শেষ আলোটির মতো
তরী নিশীথমাঝে যাবে নিরুদ্দেশে

বোলপুর
30 জ্যৈষ্ঠ, 1317

(84)

আমার একলা ঘরের আড়াল ভেঙে

আমার একলা ঘরের আড়াল ভেঙে
বিশাল ভবে
প্রাণের রথে বাহির হতে
পারব কবে।
প্রবল প্রেমে সবার মাঝে
ফিরব ধেয়ে সকল কাজে,
হাটের পথে তোমার সাথে
মিলন হবে।
প্রাণের রথে বাহির হতে
পারব কবে।

নিখিল আশা-আকাঙ্ক্ষা-ময়
দুঃখে সুখে,
ঝাঁপ দিয়ে তার তরঙ্গপাত
ধরব বুকে।

মন্দ-ভালোর আঘাত-বেগে
তোমার বুকে উঠব জেগে,
শুনব বাণী বিশ্বজনের
কলরবে।
প্রাণের রথে বাহির হতে
পারব কবে।

01 আষাঢ়, 1317

(85)

একা আমি ফিরব না আর

একা আমি ফিরব না আর
এমন করে –
নিজের মনে কোণে কোণে
মোহের ঘোরে।
তোমায় একলা বাহুর বাঁধন দিয়ে
ছোটো করে ঘিরতে গিয়ে
আপনাকে যে বাঁধি কেবল
আপন ডোরে।

যখন আমি পাব তোমায়
নিখিলমাঝে
সেই খনে হৃদয়ে পাব
হৃদয়রাজে।
এই চিত্ত আমার বৃন্ত কেবল
তারি 'পরে বিশ্বকমল –
তারি 'পরে পূর্ণ প্রকাশ
দেখাও মোরে।

02 আষাঢ়, 1317

(86)

আমারে যদি জাগালে আজি নাথ,

আমারে যদি জাগালে আজি নাথ,
ফিরো না তবে ফিরো না, করো
করুণ আঁখিপাত।
নিবিড় বনশাখার 'পরে
আষাঢ়-মেঘে বৃষ্টি ঝরে,
বাদলভরা আলসভরে
ঘুমায়ে আছে রাত।
ফিরো না তুমি ফিরো না, করো
করুণ আঁখিপাত।

বিরামহীন বিজুলিঘাতে
নিদ্রাহারা প্রাণ
বরষা-জলধারার সাথে
গাহিতে চাহে গান।
হৃদয় মোর চোখের জলে
বাহির হল তিমিরতলে,
আকাশ খোঁজে ব্যাকুল বলে
বাড়ায়ে দুই হাত।
ফিরো না তুমি ফিরো না, করো
করুণ আঁখিপাত।

03 আষাঢ়, 1317

(87)

ছিন্ন ক'রে লও হে মোরে

ছিন্ন ক'রে লও হে মোরে
আর বিলম্ব নয়।
ধূলায় পাছে ঝরে পড়ি
এই জাগে মোর ভয়।
এ ফুল তোমার মালার মাঝে
ঠাঁই পাবে কি, জানি না যে,
তবু তোমার আঘাতটি তার
ভাগ্যে যেন রয়।
ছিন্ন করো ছিন্ন করো
আর বিলম্ব নয়।

কখন্ যে দিন ফুরিয়ে যাবে –
আসবে আঁধার ক'রে,
কখন্ তোমার পূজার বেলা
কাটবে অগোচরে।
যেটুকু এর রঙ ধরেছে,
গন্ধে সুধায় বুক ভরেছে,
তোমার সেবায় লও সেটুকু
থাকতে সুসময়।
ছিন্ন করো ছিন্ন করো
আর বিলম্ব নয়।

03 আষাঢ়, 1317

(88)

চাই গো আমি তোমারে চাই

চাই গো আমি তোমারে চাই
তোমায় আমি চাই –
এই কথাটি সদাই মনে
বলতে যেন পাই।
আর যা-কিছু বাসনাতে
ঘুরে বেড়াই দিনে রাতে
মিথ্যা সে-সব মিথ্যা, ওগো
তোমায় আমি চাই।

রাত্রি যেমন লুকিয়ে রাখে
আলোর প্রার্থনাই,
তেমনি গভীর মোহের মাঝে
তোমায় আমি চাই।
শান্তিরে ঝড় যখন হানে
শান্তি তবু চায় সে প্রাণে,
তেমনি তোমায় আঘাত করি
তবু তোমায় চাই।

033 আষাঢ়, 1317

(৪9)

আমার এ প্রেম নয় তো ভীরু,

আমার এ প্রেম নয় তো ভীরু,
নয় তো হীনবল –
শুধু কি এ ব্যাকুল হয়ে
ফেলবে অশ্রুজল।
মন্দমধুর সুখে শোভায়
প্রেমকে কেন ঘুমে ডোবায়।
তোমার সাথে জাগতে সে চায়
আনন্দে পাগল।

নাচ' যখন ভীষণ সাজে
তীব্র তালের আঘাত বাজে,
পালায় ত্রাসে পালায় লাজে
সন্দেহবিহ্বল।
সেই প্রচণ্ড মনোহরে
প্রেম যেন মোর বরণ করে,
ক্ষুদ্র আশার স্বর্গ তাহার
দিক সে রসাতল।

04 আষাঢ়, 1317

(90)

আরো আঘাত সইবে আমার,

আরো আঘাত সইবে আমার,
সইবে আমারো –
আরো কঠিন সুরে জীবন-তারে ঝংকারো।
যে রাগ জাগাও আমার প্রাণে
বাজে নি তা চরম তানে,
নিঠুর মূর্ছনায় সে গানে
মূর্তি সঞ্চারো।

লাগে না গো কেবল যেন
কোমল করুণা,
মৃদু সুরের খেলায় এ প্রাণ
ব্যর্থ কোরো না।
জ্বলে উঠুক সকল হুতাশ,
গর্জি উঠুক সকল বাতাস,
জাগিয়ে দিয়ে সকল আকাশ
পূর্ণতা বিস্তারো।

04 আষাঢ়, 1317

(91)

এই করেছ ভালো, নিঠুর

এই করেছ ভালো, নিঠুর
এই করেছ ভালো।
এমনি করে হৃদয়ে মোর
তীব্র দহন জ্বালো।
আমার এ ধূপ না পোড়ালে
গন্ধ কিছুই নাহি ঢালে,
আমার এ দীপ না জ্বালালে
দেয় না কিছুই আলো।

যখন থাকে অচেতনে
এ চিত্ত আমার
আঘাত সে যে পরশ তব,
সেই তো পুরস্কার
অন্ধকারে মোহে লাজে
চোখে তোমায় দেখি না যে,
বজ্রে তোলো আগুন ক'রে
আমার যত কালো।

04 আষাঢ়, 1317

(92)

দেবতা জেনে দূরে রই দাঁড়ায়,

দেবতা জেনে দূরে রই দাঁড়ায়,
আপন জেনে আদর করি নে।
পিতা বলে প্রণাম করি পায়ে,
বন্ধু বলে দু হাত ধরি নে।
আপনি তুমি অতি সহজ প্রেমে
আমার হয়ে এলে যেথায় নেমে
সেথায় সুখে বুকের মধ্যে ধ'রে
সঙ্গী বলে তোমায় বরি নে।

ভাই তুমি যে ভায়ের মাঝে প্রভু,
তাদের পানে তাকাই না যে তবু,
ভাইয়ের সাথে ভাগ ক'রে মোর ধন
তোমার মুঠা কেন ভরি নে।
ছুটে এসে সবার সুখে দুখে
দাঁড়াই নে তো তোমারই সম্মুখে,
সঁপিয়ে প্রাণ ক্লান্তিবিহীন কাজে
প্রাণসাগরে ঝাঁপিয়ে পড়ি নে।

05 আষাঢ়, 1317

(93)

তুমি যে কাজ করছ, আমায়

তুমি যে কাজ করছ, আমায়
সেই কাজে কি লাগাবে না।
কাজের দিনে আমায় তুমি
আপন হাতে জাগাবে না?
ভালোমন্দ ওঠাপড়ায়
বিশ্বশালার ভাঙাগড়ায়
তোমার পাশে দাঁড়িয়ে যেন
তোমার সাথে হয় গো চেনা।

ভেবেছিলেম বিজন ছায়ায়
নাই যেখানে আনাগোনা
সন্ধ্যাবেলায় তোমায় আমায়
সেথায় হবে জানাশোনা।
অন্ধকারে একা একা
সে দেখা যে স্বপ্ন দেখা,
ডাকো তোমার হাটের মাঝে
চলছে যেথায় বেচাকেনা।

06 আষাঢ়, 1317

(94)

বিশ্বসাথে যোগে যেথায় বিহারো

বিশ্বসাথে যোগে যেথায় বিহারো
সেইখানে যোগ তোমার সাথে আমারো।
নয়কো বনে নয় বিজনে,
নয়কো আমার আপন মনে,
সবার যেথায় আপন তুমি, হে প্রিয়,
সেথায় আপন আমারো।

সবার পানে যেথায় বাহু পসারো
সেইখানেতেই প্রেম জাগিবে আমারো।
গোপনে প্রেম রয় না ঘরে,
আলোর মতো ছড়িয়ে পড়ে –
সবার তুমি আনন্দধন, হে প্রিয়,
আনন্দ সেই আমারো।

07 আষাঢ়, 1317

(95)

ডাকো ডাকো ডাকো আমারে

ডাকো ডাকো ডাকো আমারে
তোমার স্নিগ্ধ শীতল গভীর
পবিত্র আঁধারে।
তুচ্ছ দিনের ক্লান্তি গ্লানি
দিতেছে জীবন ধূলাতে টানি
সারাক্ষণের বাক্যমনের
সহস্র বিকারে।

মুক্ত করো হে মুক্ত করো আমারে,
তামার নিবিড় নীরব উদার
অনন্ত আঁধারে।
নীরব রাত্রে হারাইয়া বাক্
বাহির আমার বাহিরে মিশাক,
দেখা দিক মম অন্তরতম
অখণ্ড আকারে।

07 আষাঢ়, 1317

(96)

যেথায় তোমার লুট হতেছে ভুবনে

যেথায় তোমার লুট হতেছে ভুবনে
সেইখানে মোর চিত্ত যাবে কেমনে
সোনার ঘটে সূর্য তারা
নিচেছ তুলে আলোর ধারা,
অনন্ত প্রাণ ছড়িয়ে পড়ে গগনে।
সেইখানে মোর চিত্ত যাবে কেমনে।

যেথায় তুমি বস' দানের আসনে,
চিত্ত আমার সেথায় যাবে কেমনে।
নিত্য নূতন রসে ঢেলে
আপনাকে যে দিচছ মেলে,
সেথা কি ডাক পড়বে না গো জীবনে –
সেইখানে মোর চিত্ত যাবে কেমনে।

08 আষাঢ়, 1317

(97)

ফুলের মতন আপনি ফুটাও গান,

ফুলের মতন আপনি ফুটাও গান,
হে আমার নাথ, এই তো তোমার দান।
ওগো সে ফুল দেখিয়া আনন্দে আমি ভাসি
আমার বলিয়া উপহার দিতে আসি,
তুমি নিজ হাতে তারে তুলে লও স্নেহে হাসি –
দয়া করে প্রভু রাখ' মোর অভিমান।

তার পরে যদি পূজার বেলার শেষে
এ গান ঝরিয়া ধরার ধূলায় মেশে
তবে ক্ষতি কিছু নাই – তব করতলপুটে
অজস্র ধন কত লুটে কত টুটে,
তারা আমার জীবনে ক্ষণকালতরে ফুটে,
চিরকালতরে সার্থক করে প্রাণ।

09 আষাঢ়, 1317

(98)

মুখ ফিরায়ে রব তোমার পানে

মুখ ফিরায়ে রব তোমার পানে
এই ইচ্ছাটি সফল করো প্রাণে।
কেবল থাকা, কেবল চেয়ে থাকা,
কেবল আমার মনটি তুলে রাখা,
সকল ব্যথা সকল আকাঙ্ক্ষায়
সলল দিনের কাজেরই মাঝখানে।
নানা ইচ্ছা ধায় নানা দিকপানে,
একটি ইচ্ছা সফল করো প্রাণে।
সেই ইচ্ছাটি রাতের পরে রাতে
জাগে যেন একের বেদনাতে,
দিনের পরে দিনকে যেন গাঁথে
একের সূত্রে এক আনন্দগানে।

10 আষাঢ়, 1317

(99)

আবার এসেছে আষাঢ় আকাশ ছেয়ে,

আবার এসেছে আষাঢ় আকাশ ছেয়ে,
আসে বৃষ্টির সুবাস বাতাস বেয়ে।
এই পুরাতন হৃদয় আমার আজি
পুলকে দুলিয়া উঠিছে আবার বাজি
নূতন মেঘের ঘনিমার পানে চেয়ে।
আবার এসেছে আষাঢ় আকাশ ছেয়ে।

রহিয়া রহিয়া বিপুল মাঠের 'পরে
নব তৃণদলে বাদলের ছায়া পড়ে।
'এসেছে এসেছে' এই কথা বলে প্রাণ,
'এসেছে এসেছে' উঠিতেছে এই গান।
নয়নে এসেছে, হৃদয়ে এসেছে ধেয়ে।
আবার আষাঢ় এসেছে আকাশ ছেয়ে।

10 আষাঢ়, 1317

(100)

আজ বরষার রূপ হেরি মানবের মাঝে;

আজ বরষার রূপ হেরি মানবের মাঝে;
চলেছে গরজি, চলেছে নিবিড় সাজে।
হৃদয়ে তাহার নাচিয়া উঠিছে ভীমা,
ধাইতে ধাইতে লোপ ক'রে চলে সীমা,
কোন্ তাড়নায় মেঘের সহিত মেঘে,
বক্ষে বক্ষে মিলিয়া বজ্র বাজে।
বরষার রূপ হেরি মানবের মাঝে।

পুঞ্জে পুঞ্জে দূর সুদূরের পানে
দলে দলে চলে, কেন চলে নাহি জানে।
জানে না কিছুই কোন্ মহাদ্রিতলে
গভীর শ্রাবণে গলিয়া পড়িবে জলে,
নাহি জানে তার ঘনঘোর সমারোহে
কোন্ সে ভীষণ জীবন-মরণ রাজে।
বরষার রূপ হেরি মানবের মাঝে।

ঈশান কোণেতে ওই যে ঝড়ের বাণী
গুরু গুরু রবে কী করিছে কানাকানি
দিগন্তরালে কোন্ ভবিতব্যতা
স্তব্ধ তিমিরে বহে ভাষাহীন ব্যথা,
কালো কল্পনা নিবিড় ছায়ার তলে
ঘনায়ে উঠিছে, কোন্ আসন্ন কাজে।
বরষার রূপ হেরি মানবের মাঝে।

11 আষাঢ়, 1317

(101)

হে মোর দেবতা, ভরিয়া এ দেহ প্রাণ

হে মোর দেবতা, ভরিয়া এ দেহ প্রাণ
কী অমৃত তুমি চাহ করিবারে পান।
আমার নয়নে তোমার বিশ্বছবি
দেখিয়া লইতে সাধ যায় তব কবি,
আমার মুগ্ধ শ্রবণে নীরব রহি,
শুনিয়া লইতে চাহ আপনার গান।
হে মোর দেবতা, ভরিয়া এ দেহ প্রাণ
কী অমৃত তুমি চাহ করিবারে পান।

আমার চিত্তে তোমার সৃষ্টিখানি
রচিয়া তুলিছে বিচিত্র এক বাণী।
তারি সাথে প্রভু মিলিয়া তোমার প্রীতি
জাগায়ে তুলিছে আমার সকল গীতি,
আপনারে তুমি দেখিছ মধুর রসে
আমার মাঝারে নিজেরে করিয়া দান।
হে মোর দেবতা, ভরিয়া এ দেহ প্রাণ
কী অমৃত তুমি চাহ করিবারে পান।

13 আষাঢ়, 1317

(102)
এই মোর সাধ যেন এ জীবনমাঝে

এই মোর সাধ যেন এ জীবনমাঝে
তব আনন্দ মহাসংগীতে বাজে।
তোমার আকাশ, উদার আলোকধারা,
দ্বার ছোটো দেখে ফেরে না যেন গো তারা –
ছয় ঋতু যেন সহজ নৃত্যে আসে
অন্তরে মোর নিত্য নূতন সাজে।

তব আনন্দ আমার অঙ্গে মনে
বাধা যেন নাহি পায় কোনো আবরণে।
তব আনন্দ পরম দুঃখে মম
জ্বলে উঠে যেন পুণ্য-আলোকসম,
তব আনন্দ দীনতা চূর্ণ করি'
ফুটে উঠে ফেটে আমার সকল কাজে।

13 আষাঢ়, 1317

(103)
একলা আমি বাহির হলেম,

একলা আমি বাহির হলেম,
তোমার অভিসারে,
সাথে সাথে কে চলে মোর
নীরব অন্ধকারে।
ছাড়াতে চাই অনেক করে
ঘুরে চলি, যাই যে সরে,
মনে করি আপদ গেছে,
আবার দেখি তারে।

ধরণী সে কাঁপিয়ে চলে –
বিষম চঞ্চলতা।
সকল কথার মধ্যে সে চায়
কইতে আপন কথা।
সে যে আমার আমি, প্রভু,
লজ্জা তাহার নাই যে কভু,
তারে নিয়ে কোন্ লাজে বা
যাব তোমার দ্বারে।

14 আষাঢ়, 1317

(104)

আমি চেয়ে আছি তোমাদের সবাপানে।

আমি চেয়ে আছি তোমাদের সবাপানে।
স্থান দাও মোরে সকলের মাঝখানে।
নীচে সব-নীচে এ ধূলির ধরণীতে
যেথা আসনের মূল্য না হয় দিতে,
যেথা রেখা দিয়ে ভাগ করা নেই কিছু,
যেথা ভেদ নাই মানে আর অপমানে।
স্থান দাও সেথা সকলের মাঝখানে।
যেথা বাহিরের আবরণ নাহি রয়,
যেথা আপনার উলঙ্গ পরিচয়।
আমার বলিয়া কিছু নাই একেবারে
এ সত্য যেথা নাহি ঢাকে আপনারে,
সেথায় দাঁড়ায়ে নিলাজ দৈন্য মম
ভরিয়া লইব তাঁহার পরম দানে।
স্থান দাও মোরে সকলের মাঝখানে।

15 আষাঢ়, 1317

(105)

আর আমায় আমি নিজের শিরে

আর আমায় আমি নিজের শিরে
বইব না।
আর নিজের দ্বারে কাঙাল হয়ে
রইব না।
এই বোঝা তোমার পায়ে ফেলে
বেরিয়ে পড়ব অবহেলে –
কোনো খবর রাখব না ওর,
কোনো কথাই কইব না।
আমায় আমি নিজের শিরে
বইব না।

বাসনা মোর যারেই পরশ
করে সে,
আলোটি তার নিবিয়ে ফেলে
নিমেষে।
ওরে, সেই অশুচি দুই হাতে তার
যা এনেছে চাই নে সে আর
তোমার প্রেমে বাজবে না যা
সে আর আমি সইব না।
আমায় আমি নিজের শিরে
বইব না।

15 আষাঢ়, 1317

(106)

হে মোর চিত্ত, পুণ্য তীর্থে

হে মোর চিত্ত, পুণ্য তীর্থে
জাগো রে ধীরে –
এই ভারতের মহামানবের
সাগরতীরে।
হেথায় দাঁড়ায়ে দু-বাহু বাড়ায়ে
নমি নরদেবতারে,
উদার ছন্দে পরমানন্দে
বন্দন করি তাঁরে।
ধ্যানগম্ভীর এই-যে ভূধর,
নদীজপমালাধৃত প্রান্তর,
হেথায় নিত্য হেরো পবিত্র
ধরিত্রীরে
এই ভারতের মহামানবের
সাগরতীরে।

কেহ নাহি জানে কার আহ্বানে
কত মানুষের ধারা
দুর্বার স্রোতে এল কোথা হতে
সমুদ্রে হল হারা।
হেথায় আর্য, হেথা অনার্য,
হেথায় দ্রাবিড় চীন –
শক-হুন-দল পাঠান মোগল
এক দেহে হল লীন।

পশ্চিম আজি খুলিয়াছে দ্বার,
সেথা হতে সবে আনে উপহার,
দিবে আর নিবে, মিলাবে মিলিবে,
যাবে না ফিরে –
এই ভারতের মহামানবের
সাগরতীরে।

রণধারা বাহি জয়গান গাহি
উন্মাদ কলরবে
ভেদি মরুপথ গিরিপর্বত
যারা এসেছিল সবে,
তারা মোর মাঝে সবাই বিরাজে
কেহ নহে নহে দূর,
আমার শোণিতে রয়েছে ধ্বনিতে
তারি বিচিত্র সুর।

হে রুদ্রবীণা, বাজো, বাজো, বাজো,
ঘৃণা করি দূরে আছে যারা আজো –
বন্ধ নাশিবে, তারাও আসিবে
দাঁড়াবে ঘিরে
এই ভারতের মহামনবের
সাগরতীরে।

হেথা একদিন বিরামবিহীন
মহা ওঙ্কারধ্বনি
হৃদয়তন্ত্রে একের মন্ত্রে
উঠেছিল রনরনি।
তপস্যাবলে একের অনলে
বহুরে আহুতি দিয়া
বিভেদ ভুলিল, জাগায়ে তুলিল
একটি বিরাট হিয়া।
সেই সাধনার সে আরাধনার
যজ্ঞশালার খোলা আজি দ্বার,
হেথায় সবারে হবে মিলিবারে
আনতশিরে
এই ভারতের মহামানবের
সাগরতীরে।

সেই হোমানলে হেরো আজি জ্বলে
দুখের রক্ত শিখা।
হবে তা সহিতে মর্মে দহিতে –
আছে সে ভাগ্যে লিখা।
এ দুখ বহন করো মোর মন,
শোনো রে একের ডাক।
যত লাজ ভয় করো করো জয়
অপমান দূরে যাক।

দুঃসহ ব্যথা হয়ে অবসান
জন্ম লভিবে কী বিশাল প্রাণ।
পোহায় রজনী, জাগিছে জননী
বিপুল নীড়ে,
এই ভারতের মহামানবের
সাগরতীরে।

এসো হে আর্য, এসো অনার্য,
হিন্দু মুসলমান।
এসো এসো আজ তুমি ইংরাজ,
এসো এসো খৃস্টান।
এসো ব্রাহ্মণ, শুচি করি মন
ধরো হাত সবাকার,
এসো হে পতিত করো অপনীত
সব অপমানভার।
মার অভিষেকে এসো এসো ত্বরা
মঙ্গলঘট হয় নি যে ভরা,
সবার-পরশে-পবিত্র-করা
তীর্থনীরে
আজি ভারতের মহামানবের
সাগরতীরে।

18 আষাঢ়, 1317

(107)
যেথায় থাকে সবার অধম দীনের হতে দীন

যেথায় থাকে সবার অধম দীনের হতে দীন
সেইখানে যে চরণ তোমার রাজে
সবার পিছে, সবার নীচে,
সব-হারাদের মাঝে।
যখন তোমায় প্রণাম করি আমি
প্রণাম আমার কোন্‌খানে যায় থামি,
তোমার চরণ যেথায় নামে অপমানের তলে
সেথায় আমার প্রণাম নামে না যে
সবার পিছে, সবার নীচে
সব-হারাদের মাঝে।

অহংকার তো পায় না নাগাল যেথায় তুমি ফের'
রিক্তভূষণ দীনদরিদ্র সাজে
সবার পিছু, সবার নীচে,
সব-হারাদের মাঝে।
ধনে মানে যেথায় আছে ভরি
সেথায় তোমার সঙ্গ আশা করি –
সঙ্গী হয়ে আছ যেথায় সঙ্গীহীনের ঘরে
সেথায় আমার হৃদয় নামে না যে
সবার পিছে, সবার নীচে,
সব-হারাদের মাঝে।

19 আষাঢ়, 1317

(108)

হে মোর দুর্ভাগা দেশ, যাদের করেছ অপমান,

হে মোর দুর্ভাগা দেশ, যাদের করেছ অপমান,
অপমানে হতে হবে তাহাদের সবার সমান।
মানুষের অধিকারে
বঞ্চিত করেছ যারে,
সম্মুখে দাঁড়ায়ে রেখে তবু কোলে দাও নাই স্থান,
অপমানে হতে হবে তাহাদের সবার সমান।

মানুষের পরশেরে প্রতিদিন ঠেকাইয়া দূরে
ঘৃণা করিয়াছ তুমি মানুষের প্রাণের ঠাকুরে।
বিধাতার রুদ্ররোষে
দুর্ভিক্ষের দ্বারে ব'সে
ভাগ করে খেতে হবে সকলের সাথে অন্নপান।
অপমানে হতে হবে তাহাদের সবার সমান।

তোমার আসন হতে যেথায় তাদের দিলে ঠেলে
সেথায় শক্তিরে তব নির্বাসন দিলে অবহেলে।
চরণে দলিত হয়ে
ধূলায় সে যায় বয়ে –
সেই নিম্নে নেমে এসো, নহিলে নাহি রে পরিত্রাণ।
অপমানে হতে হবে আজি তোরে সবার সমান।

যারে তুমি নীচে ফেল' সে তোমারে বাঁধিবে যে নীচে,
পশ্চাতে রেখেছ যারে সে তোমারে পশ্চাতে টানিছে।
অজ্ঞানের অন্ধকারে
আড়ালে ঢাকিছ যারে
তোমার মঙ্গল ঢাকি গড়িছে সে ঘোর ব্যবধান।
অপমানে হতে হবে তাহাদের সবার সমান।

শতেক শতাব্দী ধরে নামে শিরে অসম্মানভার,
মানুষের নারায়ণে তবুও কর না নমস্কার।
তবু নত করি আঁখি
দেখিবার পাও না কি
নেমেছে ধূলার তলে হীন-পতিতের ভগবান,
অপমানে হতে হবে সেথা তোরে সবার সমান।

দেখিতে পাও না তুমি মৃত্যুদূত দাঁড়ায়েছে দ্বারে,
অভিশাপ আঁকি দিল তোমার জাতির অহংকারে।
সবারে না যদি ডাক'
এখনো সরিয়া থাক'
আপনারে বেঁধে রাখ' চৌদিকে জড়ায়ে অভিমান
মৃত্যুমাঝে হবে তবে চিতাভস্মে সবার সমান।

20 আষাঢ়, 1317

(109)

ছাড়িস নে, ধরে থাক এঁটে,

ছাড়িস নে, ধরে থাক এঁটে,
ওরে, হবে তোর জয়।
অন্ধকার যায় বুঝি কেটে,
ওরে, আর নেই ভয়।
ওই দেখ্ পূর্বাশার ভালে
নিবিড় বনের অন্তরালে
শুকতারা হয়েছে উদয়।
ওরে, আর নেই ভয়।

এরা যে কেবল নিশাচর –
অবিশ্বাস আপনার 'পর,
নিরাশ্বাস, আলস্য, সংশয়,
এরা প্রভাতের নয়।
ছুটে আয়, আয় রে বাহিরে
চেয়ে দেখ্, দেখ্ ঊর্ধ্বশিরে,
আকাশ হতেছে জ্যোতির্ময়।
ওরে, আর নেই ভয়।

21 আষাঢ়, 1317

(110)

আছ আমার হৃদয় আছ ভরে

আছ আমার হৃদয় আছ ভরে
এখন তুমি যা-খুশি তাই করো।
এমনি যদি বিরাজ' অন্তরে
বাহির হতে সকলই মোর হরো।
সব পিপাসার যেথায় অবসান
সেথায় যদি পূর্ণ কর প্রাণ
তাহার পরে মরুপথের মাঝে
উঠে রৌদ্র উঠুক খরতর।

এই যে খেলা খেলছ কত ছলে
এই খেলা তো আমি ভালোবাসি।
এক দিকেতে ভাসাও আঁখিজলে,
আরেক দিকে জাগিয়ে তোল' হাসি।
যখন ভাবি সব খোয়ালেম বুঝি,
গভীর করে পাই তাহারে খুঁজি,
কোলেরা থেকে যখন ফেল' দূরে
বুকের মাঝে আবার তুলে ধর'।

রেলপথে ঃ ই. আর. আর.
21 আষাঢ়, 1317

(111)

গর্ব করে নিই নে ও নাম, জান অন্তর্যামী –

গর্ব করে নিই নে ও নাম, জান অন্তর্যামী –
আমার মুখে তোমার নাম কি সাজে।
যখন সবাই উপহাসে তখন ভাবি আমি,
আমার কণ্ঠে তোমার নাম কি বাজে।
তোমা হতে অনেক দূরে থাকি
সে যেন মোর জানতে না রয় বাকি –
নাম-গানের এই ছদ্মবেশে দিই পরিচয় পাছে
মনে মনে মরি যে সেই লাজে।

অহংকারের মিথ্যা হতে বাঁচাও দয়া করে
রাখো আমায় যেথা আমার স্থান।
আর-সকলের দৃষ্টি হতে সরিয়ে দিয়ে মোরে
করো তোমার নত নয়ন দান।
আমার পূজা দয়া পাবার তরে,
মান যেন সে না পায় কারো ঘরে,
নিত্য তোমায় ডাকি আমি ধূলার 'পরে বসে
নিত্যনূতন অপরাধের মাঝে।

রেলপথ ঃ ই. বি. এস. আর.
22 আষাঢ়, 1317

(112)

কে বলে সব ফেলে যাবি

কে বলে সব ফেলে যাবি
মরণ হাতে ধরবে যবে –
জীবনে তুই যা নিয়েছিস
মরণে সব নিতে হবে।
এই ভরা ভাণ্ডারে এসে
শূন্য কি তুই যাবি শেষে।
নেবার মতো যা আছে তোর
ভালো করে নে তুই তবে।

আবর্জনার অনেক বোঝা
জমিয়েছিস যে নিরবধি –
বেঁচে যাবি যাবার বেলা
ক্ষয় করে সব যাস রে যদি।
এসেছি এই পৃথিবীতে,
হেথায় হবে সেজে নিতে –
রাজার বেশে চল্ রে হেসে
মৃত্যুপারের সে উৎসবে।

শিলাইদহ
25 আষাঢ়, 1317

(113)
নদীপারের এই আষাঢ়ের

নদীপারের এই আষাঢ়ের
প্রভাতখানি
নে রে, ও মন, নে রে আপন
প্রাণে টানি।
সবুজ নীলে সোনায় মিলে
যে সুধা এই ছড়িয়ে দিলে,
জাগিয়ে দিলে আকাশতলে
গভীর বাণী,
নে রে, ও মন, নে রে আপন
প্রাণে টানি।

এমনি করে চলতে পথে
ভবের কূলে
দুই ধারে যা ফুল ফুটে সব
নিস রে তুলে।
সেগুলি তোর চেতনাতে
গেঁথে তুলিস দিবস-রাতে,
প্রতি দিনটি যতন ক'রে
ভাগ্য মানি,
নে রে, ও মন, নে রে আপন
প্রাণে টানি।

শিলাইদহ
25 আষাঢ়, 1317

(114)

মরণ যেদিন দিনের শেষে আসবে তোমার দুয়ারে

মরণ যেদিন দিনের শেষে আসবে তোমার দুয়ারে
সেদিন তমি কী ধন দিবে উহারে।
ভরা আমার পরানখানি
সম্মুখে তার দিব আনি,
শূন্য বিদায় করব না তো উহারে –
মরণ যেদিন আসবে আমার দুয়ারে।

কত শরৎ-বসন্ত-রাত,
কত সন্ধ্যা, কত প্রভাত
জীবনপাত্রে কত যে রস বরষে –
কতই ফলে কতই ফুলে
হৃদয় আমার ভরি তুলে
দুঃখসুখের আলোছায়ার পরশে।

যা-কিছু মোর সঞ্চিত ধন
এতদিনের সব আয়োজন
চরমদিনে সাজিয়ে দিব উহারে –
মরণ যেদিন আসবে আমার দুয়ারে।

শিলাইদহ
25 আষাঢ়, 1317

(115)

দয়া ক'রে, ইচ্ছা ক'রে, আপনি ছোটো হয়ে

দয়া ক'রে, ইচ্ছা ক'রে, আপনি ছোটো হয়ে
এসো তুমি এ ক্ষুদ্র আলয়ে।
তাই তোমার মাধুর্যসুধা
ঘুচায় আমার আঁখির ক্ষুধা,
জলে স্হলে দাও যে ধরা
কত অকার লয়ে।

বন্ধু হয়ে, পিতা হয়ে, জননী হয়ে,
আপনি তুমি ছোটো হয়ে এসো হৃদয়ে।
আমিও কি আপন হাতে
করব ছোটো বিশ্বনাথে –
জানাব আর জানব তোমায়
ক্ষুদ্র পরিচয়ে ?

শিলাইদহ
26 আষাঢ়, 1317

(116)
ওগো আমার এই জীবনের শেষ পরিপূর্ণতা,

ওগো আমার এই জীবনের শেষ পরিপূর্ণতা,
মরণ, আমার মরণ, তুমি কও আমারে কথা।
সারা জনম তোমার লাগি
প্রতিদিন যে আছি জাগি,
তোমার তরে বহে বেড়াই
দুঃখসুখের ব্যথা।
মরণ, আমার মরণ, তুমি
কও আমারে কথা।
যা পেয়েছি, যা হয়েছি,
যা-কিছু মোর আশা –
না জেনে ধায় তোমার পানে
সকল ভালোবাসা।
মিলন হবে তোমার সাথে,
একটি শুভ দৃষ্টিপাতে,
জীবনবধূ হবে তোমার
নিত্য-অনুগতা;
মরণ, আমার মরণ, তুমি
কও আমারে কথা।

বরণমালা গাঁথা আছে,
আমার চিত্তমাঝে,
কবে নীরব হাস্যমুখে
আসবে বরের সাজে।

সেদিন আমার রবে না ঘর,
কেই-বা আপন, কেই-বা অপর,
বিজন রাতে পতির সাথে
মিলবে পতিব্রতা।
মরণ, আমার মরণ, তুমি
কও আমারে কথা।

শিলাইদহ
26 আষাঢ়, 1317

(117)

যাত্রী আমি ওরে।

যাত্রী আমি ওরে।
পারবে না কেউ রাখতে আমায় ধরে।
দুঃখসুখের বাঁধন সবই মিছে,
বাঁধা এ ঘর রইবে কোথায় পিছে
বিষয়-বোঝা টানে আমায় নীচে,
ছিন্ন হয়ে ছড়িয়ে যাবে পড়ে।

যাত্রী আমি ওরে।
চলতে পথে গান গাহি প্রাণ ভরে।
দেহদুর্গে খুলবে সকল দ্বার,
ছিন্ন হবে শিকল বাসনার,
ভালোমন্দ কাটিয়ে হব পার –
চলতে রব লোকে লোকান্তরে।

যাত্রী আমি ওরে।
যা-কিছু ভার যাবে সকল সরে।
আকাশ আমায় ডাকে দূরের পানে
ভাষাবিহীন অজানিতের গানে,
সকাল-সাঁঝে পরান মম টানে
কাহার বাঁশি এমন গভীর স্বরে।

যাত্রী আমি ওরে –
বাহির হলেম না জানি কোন্ ভোরে।
তখন কোথাও গায় নি কোনো পাখি,
কী জানি রাত কতই ছিল বাকি,
নিমেষহারা শুধু একটি আঁখি
জেগেছিল অন্ধকারের 'পরে।

যাত্রী আমি ওরে।
কোন্ দিনান্তে পৌঁছব কোন্ ঘরে।
কোন্ তারকা দীপ জ্বালে সেইখানে,
বাতাস কাঁদে কোন্ কুসুমের ঘ্রাণে,
কে গো সেথায় স্নিগ্ধ দু-নয়ানে
অনাদিকাল চাহে আমার তরে।

গোরাই নদী
216 আষাঢ়, 1317

(118)

উড়িয়ে ধ্বজা অভ্রভেদী রথে

উড়িয়ে ধ্বজা অভ্রভেদী রথে
ওই-যে তিনি, ওই-যে বাহির পথে।
আয় রে ছুটে, টানতে হবে রশি –
ঘরের কোণে রইলি কোথায় বসি।
ভিড়ের মধ্যে ঝাঁপিয়ে পড়ে গিয়ে
ঠাঁই করে তুই নে রে কোনোমতে।

কোথায় কী তোর আছে ঘরের কাজ,
সে-সব কথা ভুলতে হবে আজ।
টান্ রে দিয়ে সকল চিত্তকায়া,
টান্ রে ছেড়ে তুচ্ছ প্রাণের মায়া,
চল্ রে টেনে আলোয় অন্ধকারে
নগর-গ্রামে অরণ্যে পর্বতে।

ওই যে-চাকা ঘুরছে ঝনঝনি,
বুকের মাঝে শুনছ কি সেই ধ্বনি।
রক্তে তোমার দুলছে না কি প্রাণ
গাইছে না মন মরণজয়ী গান?
আকাঙ্ক্ষা তোর বন্যাবেগের মতো
ছুটছে না কি বিপুল ভবিষ্যতে।

গোরাই
26 আষাঢ়, 1317

(119)

ভজন পূজন সাধন আরাধনা

ভজন পূজন সাধন আরাধনা
সমস্ত থাক্ পড়ে।
রুদ্ধদ্বারে দেবালয়ের কোণে
কেন আছিস ওরে।
অন্ধকারে লুকিয়ে আপন-মনে
কাহারে তুই পূজিস সংগোপনে,
নয়ন মেলে দেখ্ দেখি তুই চেয়ে –
দেবতা নাই ঘরে।

তিনি গেছেন যেথায় মাটি ভেঙে
করছে চাষা চাষ –
পাথর ভেঙে কাটছে যেথায় পথ,
খাটছে বারো মাস।
রৌদ্রে জলে আছেন সবার সাথে,
ধূলা তাঁহার লেগেছে দুই হাতে –
তাঁরি মতন শুচি বসন ছাড়ি
আয় রে ধূলার 'পরে।

মুক্তি ? ওরে, মুক্তি কোথায় পাবি,
মুক্তি কোথায় আছে।

আপনি প্রভু সৃষ্টিবাঁধন প'রে
বাঁধা সবার কাছে।
রাখো রে ধ্যান, থাক্ রে ফুলের ডালি,
ছিঁড়ুক বস্ত্র, লাগুক ধূলাবালি –
কর্মযোগে তাঁর সাথে এক হয়ে
ঘর্ম পড়ুক ঝরে।

কয়া, গোরাই
27 আষাঢ়, 1317

(120)
সীমার মাঝে, অসীম তুমি

সীমার মাঝে, অসীম তুমি
বাজাও আপন সুর।
আমার মধ্যে তোমার প্রকাশ
তাই এত মধুর।
কত বর্ণে কত গন্ধে,
কত গানে কত ছন্দে,
অরূপ, তোমার রূপের লীলায়
জাগে হৃদয়পুর।
আমার মধ্যে তোমার শোভা
এমন সুমধুর।

তোমায় আমায় মিলন হলে
সকলই যায় খুলে –
বিশ্বসাগর ঢেউ খেলায়ে
উঠে তখন দুলে।
তোমার আলোয় নাই তো ছায়া,
আমার মাঝে পায় সে কায়া –
হয় সে আমার অশ্রুজলে
সুন্দর বিধুর।
আমার মধ্যে তোমার শোভা
এমন সুমধুর।

জানিপুর, গোরাই
27 আষাঢ়, 1317

(121)

তাই তোমার আনন্দ আমার 'পর,

তাই তোমার আনন্দ আমার 'পর,
তুমি তাই এসেছ নীচে।
আমায় নইলে, ত্রিভুবনেশ্বর,
তোমার প্রেম হত যে মিছে।
আমায় নিয়ে মেলেছ এই মেলা,
আমার হিয়ায় চলছে রসের খেলা,
মোর জীবনে বিচিত্ররূপ ধরে
তোমার ইচ্ছা তরঙ্গিছে।

তাই তো তুমি রাজার রাজা হয়ে
তবু আমার হৃদয় লাগি
ফিরছ কত মনোহরণ-বেশে
প্রভু নিত্য আছ জাগি।
তাই তো, প্রভু, হেথায় এল নেমে,
তোমারি প্রেম ভক্তপ্রাণের প্রেমে,
মূর্তি তোমার যুগলসম্মিলনে
সেথায় পূর্ণ প্রকাশিছে।

জানিপুর, গোরাই
28 আষাঢ়, 1317

(122)

মানের আসন, আরামশয়ন

মানের আসন, আরামশয়ন
নয় তো তোমার তরে।
সব ছেড়ে আজ খুশি হয়ে
চলো পথের 'পরে।
এসো বন্ধু, তোমরা সবে
একসাথে সব বাহির হবে,
আজকে যাত্রা করব মোরা
অমানিতের ঘরে

নিন্দা পরব ভূষণ ক'রে
কাঁটার কণ্ঠহার,
মাথায় করে তুলে লব
অপমানের ভার।
দুঃখীর শেষ আলয় যেথা
সেই ধূলাতে লুটাই মাথা,
ত্যাগের শূন্যপাত্রটি নিই
আনন্দরস ভ'রে।

গোরাই
29 আষাঢ়, 1317

(123)

প্রভুগৃহ হতে আসিলে যেদিন

প্রভুগৃহ হতে আসিলে যেদিন
বীরের দল
সেদিন কোথায় ছিল যে লুকানো
বিপুল বল!
কোথায় বর্ম, অস্ত্র কোথায়,
ক্ষীণ দরিদ্র অতি-অসহায়,
চারি দিক হতে এসেছে আঘাত
অনর্গল –
প্রভুগৃহ হতে আসিলে যেদিন
বীরের দল।

প্রভুগৃহমাঝে ফিরিল যেদিন
বীরের দল।
সেদিন কোথায় লুকাল আবার
বিপুল বল!
ধনুর্শর অসি কোথা গেল খসি,
শান্তির হাসি উঠিল বিকশি;
চলে-গেলে রাখি সারা জীবনের
সকল ফল,
প্রভুগৃহমাঝে ফিরিলে যেদিন
বীরের দল।

কলিকাতা
31 আষাঢ়, 1317

(124)

ভেবেছিনু মনে যা হবার তারি শেষে

ভেবেছিনু মনে যা হবার তারি শেষে
যাত্রা আমার বুঝি থেমে গেছে এসে।
নাই বুঝি পথ, নাই বুঝি আর কাজ,
পাথেয় যা ছিল ফুরায়েছে বুঝি আজ,
যেতে হবে সরে নীরব অন্তরালে
জীর্ণ জীবনে ছিন্ন মলিন বেশে।

কী নিরখি আজি এ কী অফুরান লীলা,
এ কী নবীনতা বহে অন্তঃশীলা।
পুরাতন ভাষা মরে এল যবে মুখে,
নবগান হয়ে গুমরি উঠিল বুকে,
পুরাতন পথ শেষ হয়ে গেল যেথা
সেথায় আমারে আনিলে নূতন দেশে।

কলিকাতা, ঠিকা গাড়িতে
31 আষাঢ়, 1317

(125)

আমার এ গান ছেড়েছে তার

আমার এ গান ছেড়েছে তার
সকল অলংকার
তোমার কাছে রাখে নি আর
সাজের অহংকার।
অলংকার যে মাঝে প'ড়ে
মিলনেতে আড়াল করে,
তোমার কথা ঢাকে যে তার।
মুখর ঝংকার।

তোমার কাছে খাটে না মোর
কবির গরব করা,
মহাকবি, তোমার পায়ে
দিতে চাই যে ধরা।
জীবন লয়ে যতন করি
যদি সরল বাঁশি গড়ি,
আপন সুরে দিবে ভরি
সকল ছিদ্র তার।

কলিকাতা
01 শ্রাবণ, 1317

(126)

নিন্দা দুঃখে অপমানে

নিন্দা দুঃখে অপমানে
যত আঘাত খাই
তবু জানি কিছুই সেথা
হারাবার তো নাই।
থাকি যখন ধূলার 'পরে
ভাবতে না হয় আসন-তরে,
দৈন্যমাঝে অসংকোচে
প্রসাদ তব চাই।

লোকে যখন ভালো বলে,
যখন সুখে থাকি,
জানি মনে, তাহার মাঝে,
অনেক আছে ফাঁকি।
সেই ফাঁকিরে সাজিয়ে লয়ে
ঘুরে বেড়াই মাথায় বয়ে,
তোমার কাছে যাব এমন
সময় নাহি পাই।

বোলপুর
02 শ্রাবণ, 1317

(127)
রাজার মতো বেশে তুমি সাজাও যে শিশুরে,

রাজার মতো বেশে তুমি সাজাও যে শিশুরে,
পরাও যারে মণিরতন-হার –
খেলাধূলা আনন্দ তার সকলই যায় ঘুরে,
বসন-ভূষণ হয় যে বিষম ভার।
ছেঁড়ে পাছে আঘাত লাগি,
পাছে ধূলায় হয় সে দাগি,
আপনাকে তাই সরিয়ে রাখে সবার হতে দূরে,
চলতে গেলে ভাব্‌না ধরে তার –
রাজার মতো বেশে তুমি সাজাও যে শিশুরে,
পরাও যারে মণিরতন-হার।

কী হবে, মা অমন-তরো রাজার মতো সাজে,
কী হবে ওই মণিরতন-হারে –
দুয়ার খুলে দাও যদি তো ছুটি পথের মাঝে
রৌদ্রবায়ু-ধূলাকাদার পাড়ে।
যেথায় বিশ্বজনের মেলা
সমস্ত দিন নানান খেলা,
চারি দিকে বিরাট গাথা বাজে হাজার সুরে,
সেথায় সে যে পায় না অধিকার –
রাজার মতো বেশে তুমি সাজাও যে শিশুরে,
পরাও যারে মণিরতন-হার।

বোলপুর
02 শ্রাবণ, 1317

(128)

জড়িয়ে গেছে সরু মোটা

জড়িয়ে গেছে সরু মোটা
দুটো তারে,
জীবন-বীণা ঠিক সুরে তাই
বাজে না রে।
এই বেসুরো জটিলতায়
পরান আমার মরে ব্যথায়,
হঠাৎ আমার গান থেমে যায়
বারে বারে।
জীবন-বীণা ঠিক সুরে আর
বাজে না রে।
এই বেদনা বইতে আমি
পারি না যে,
তোমার সভার পথে এসে
মরি লাজে।
তোমার যারা গুণী আছে
বসতে নারি তাদের কাছে,
দাঁড়িয়ে থাকি সবার পাছে
বাহির-দ্বারে।
জীবন-বীণা ঠিক সুরে আর
বাজে না রে।

বোলপুর
03 শ্রাবণ, 1317

(129)
গাবার মতো হয় নি কোনো গান,

গাবার মতো হয় নি কোনো গান,
দেবার মতো হয় নি কিছু দান।
মনে যে হয় সবই রইল বাকি,
তোমায় শুধু দিয়ে এলেম ফাঁকি
কবে হবে জীবন পূর্ণ ক'রে
এই জীবনের পূজা অবসান।

আর-সকলের সেবা করি যত
প্রাণপণে দিই অর্ঘ্য ভরি ভরি।
সত্য মিথ্যা সাজিয়ে দিই যে কত
দীন বলিয়া পাছে ধরা পড়ি।
তোমার কাছে গোপন কিছু নাই,
তোমার পূজায় সাহস এত তাই,
যা আছে তাই পায়ের কাছে আনি
অনাবৃত দরিদ্র এই প্রাণ।

07 শ্রাবণ, 1317

(130)

আমার মাঝে তোমার লীলা হবে,

আমার মাঝে তোমার লীলা হবে,
তাই তো আমি এসেছি এই ভবে।
এই ঘরে সব খুলে যাবে দ্বার,
ঘুচে যাবে সকল অহংকার,
আনন্দময় তোমার এ সংসারে
আমার কিছু আর বাকি না রবে।

মরে গিয়ে বাঁচব আমি, তবে
আমার মাঝে তোমার লীলা হবে।
সব বাসনা যাবে আমার থেমে
মিলে গিয়ে তোমারি এক প্রেমে,
দুঃখসুখের বিচিত্র জীবনে
তুমি ছাড়া আর কিছু না রবে।

07 শ্রাবণ, 1317

(131)

দুঃস্বপন কোথা হতে এসে

দুঃস্বপন কোথা হতে এসে
জীবনে বাধায় গণ্ডগোল।
কেঁদে উঠে জেগে দেখি শেষে
কিছু নাই, আছে মার কোল।
ভেবেছিনু আর-কেহ বুঝি
ভয়ে তাই প্রাণপণে যুঝি,
তব হাসি দেখে আজ বুঝি
তুমিই দিয়েছ মোরে দোল।
এ জীবন সদা দেয় নাড়া
লয়ে তার সুখ দুখ ভয় –
কিছু যেন নাই গো সে ছাড়া,
সেই যেন মোর সমুদয়।
এ ঘোর কাটিয়া যাবে চোখে
নিমেষেই প্রভাত-আলোকে,
পরিপূর্ণ তোমার সম্মুখে
থেমে যাবে সকল কল্লোল।

08 শ্রাবণ, 1317

(132)

গান দিয়ে যে তোমায় খুঁজি

গান দিয়ে যে তোমায় খুঁজি
বাহির-মনে
চিরদিবস মোর জীবনে।
নিয়ে গেছে গান আমারে
ঘরে ঘরে দ্বারে দ্বারে,
গান দিয়ে হাত বুলিয়ে বেড়াই
এই ভুবনে।

কত শেখা সেই শেখালো,
কত গোপন পথ দেখালো,
চিনিয়ে দিল কত তারা
হৃদ্‌গগনে।

বিচিত্র সুখ-দুখের দেশে
রহস্যলোক ঘুরিয়ে শেষে
সন্ধ্যাবেলায় নিয়ে এল
কোন্‌ ভবনে।

09 শ্রাবণ, 1317

(133)

তোমায় খোঁজা শেষ হবে না মোর

তোমায় খোঁজা শেষ হবে না মোর
যবে আমার জনম হবে ভোর।
চলে যাব নবজীবন-লোকে,
নূতন দেখা জাগবে আমার চোখে,
নবীন হয়ে নূতন সে আলোকে
পরব তব নবমিলন-ডোর।
তোমায় খোঁজা শেষ হবে না মোর।

তোমার অন্ত নাহি গো অন্ত নাই,
বারে বারে নূতন লীলা তাই।
আবার তুমি জানি নে কোন্ বেশে
পথের মাঝে দাঁড়াবে, নাথ, হেসে –
আমার এ হাত ধরবে কাছে এসে,
লাগবে প্রাণে নূতন ভাবের ঘোর।
তোমায় খোঁজা শেষ হবে না মোর।

10 শ্রাবণ, 1317

(134)

যেন শেষ গানে মোর সব রাগিনী পূরে,

যেন শেষ গানে মোর সব রাগিনী পূরে,
আমার সব আনন্দ মেলে তাহার সুরে।
যে আনন্দে মাটির ধরা হাসে
অধীর হয়ে তরুলতায় ঘাসে,
যে আনন্দে দুই পাগলের মতো
জীবন মরণ বেড়ায় ভুবন ঘুরে –
সেই আনন্দ মেলে তাহার সুরে।

যে আনন্দ আসে ঝড়ের বেশে,
ঘুমন্ত প্রাণ জাগায় অট্টহেসে।
যে আনন্দ দাঁড়ায় আঁখিজলে
দুঃখ-ব্যথার রক্তশতদলে,
যা আছে সব ধূলায় ফেলে দিয়ে
যে আনন্দে বচন নাহি ফুরে –
সেই আনন্দ মেলে তাহার সুরে।

11 শ্রাবণ, 1317

(135)

যখন আমায় বাঁধ' আগে পিছে,

যখন আমায় বাঁধ' আগে পিছে,
মনে করি আর পাব না ছাড়া।
যখন আমায় ফেল' তুমি নীচে
মনে করি আর হব না খাড়া।
আবার তুমি দাও যে বাঁধন খুলে,
আবার তুমি নাও আমারে তুলে,
চিরজীবন বাহুদোলায় তবে
এমনি করে কেবলই দাও নাড়া।

ভয় লাগায়ে তন্দ্রা কর' ক্ষয়,
ঘুম ভগঙায়ে তখন ভাঙ' ভয়।
দেখা দিয়ে ডাক দিয়ে যাও প্রাণে,
তাহার পরে লুকাও যে কোন্‌খানে,
মনে করি এই হারালেম বুঝি,
কোথা হতে আবার যে দাও সাড়া।

11 শ্রাবণ, 1317

(136)

যতকাল তুই শিশুর মতো

যতকাল তুই শিশুর মতো
রইবি বলহীন
অন্তরেরই অন্তঃপুরে
থাক্ রে ততদিন।
অল্প ঘায়ে পড়বি ঘুরে,
অল্প দাহে মরবি পুড়ে,
অল্প গায়ে লাগলে ধূলা
করবে যে মলিন –
অন্তরেরই অন্তঃপুরে
থাক্ রে ততদিন।

যখন তোমার শক্তি হবে
উঠবে ভরে প্রাণ,
আগুন-ভরা সুধা তাঁহার
করবি যখন পান –
বাইরে তখন যাস্ রে ছুটে,
থাকবি শুচি ধূলায় লুটে,
সকল বাঁধন অঙ্গে নিয়ে
বেড়াবি স্বাধীন
অন্তরেরই অন্তঃপুরে
থাক্ রে ততদিন।

14 শ্রাবণ, 1317

(137)

আমার চিত্ত তোমায় নিত্য হবে

আমার চিত্ত তোমায় নিত্য হবে
সত্য হবে –
ওগো সত্য, আমার এমন সুদিন
ঘটবে কবে।
সত্য সত্য সত্য জপি,
সকল বুদ্ধি সত্যে সঁপি,
সীমার বাঁধন পেরিয়ে যাব
নিখিল ভবে –
সত্য, তোমার পূর্ণ প্রকাশ
দেখব কবে।

তোমায় দূরে সরিয়ে মরি
আপন অসত্যে।
কী যে কাণ্ড করি গো সেই
ভূতের রাজত্বে।
আমার আমি ধুয়ে মুছে
তোমার মধ্যে যাবে ঘুচে,
সত্য, তোমায় সত্য হব
বাঁচব তবে –
তোমার মধ্যে মরণ আমার
মরবে কবে।

15 শ্রাবণ, 1317

(138)

তোমায় আমার প্রভু করে রাখি,

তোমায় আমার প্রভু করে রাখি,
আমার আমি সেইটুকু থাক্ বাকি।
তোমায় আমি হেরি সকল দিশি,
সকল দিয়ে তোমার মাঝে মিশি,
তোমারে প্রেম জোগাই দিবানিশি,
ইচ্ছা আমার সেইটুকু থাক্ বাকি –
তোমায় আমার প্রভু করে রাখি।

তোমায় আমি কোথাও নাহি ঢাকি
কেবল আমার সেইটুকু থাক্ বাকি।
তোমার লীলা হবে এ প্রাণ ভ'রে।
এ সংসারে রেখেছ তাই ধরে,
রইব বাঁধা তোমার বাহুডোরে
বাঁধন আমার সেইটুকু থাক্ বাকি –
তোমায় আমার প্রভু করে রাখি।

15 শ্রাবণ, 1317

(139)

যা দিয়েছ আমার এ প্রাণ ভরি

যা দিয়েছ আমার এ প্রাণ ভরি
খেদ রবে না এখন যদি মরি।
রজনীদিন কত দুঃখে সুখে
কত-যে সুর বেজেছে এই বুকে,
কত বেশে আমার ঘরে ঢুকে
কত রূপে নিয়েছ মন হরি।
খেদ রবে না এখন যদি মরি।

জানি তোমায় নিই নি প্রাণে বরি,
পাই নি আমার সকল পূর্ণ করি।
যা পেয়েছি ভাগ্য বলে মানি,
দিয়েছ তো তব পরশখানি,
আছ তুমি এই জানা তো জানি –
যাব ধরি সেই ভরসার তরী।
খেদ রবে না এখন যদি মরি।

16 শ্রাবণ, 1317

(140)

ওরে মাঝি, ওরে আমার

ওরে মাঝি, ওরে আমার
মানবজন্মতরীর মাঝি,
শুনতে কি পাস দূরের থেকে
পারের বাঁশি উঠছে বাজি।
তরী কি তোর দিনের শেষে
ঠেকবে এবার ঘাটে এসে।
সেথায় সন্ধ্যা-অন্ধকারে
দেয় কি দেখা প্রদীপরাজি।

যেন আমার লাগছে মনে,
মন্দমধুর এই পবনে
সিন্ধুপারের হাসিটি কার
আঁধার বেয়ে আসছে আজি।

আসার বেলায় কুসুমগুলি
কিছু এনেছিলেম তুলি,
যেগুলি তার নবীন আছে,
এইবেলা নে সাজিয়ে সাজি।

18 শ্রাবণ, 1317

(141)

মনকে, আমার কায়াকে,

মনকে, আমার কায়াকে,
আমি একেবারে মিলিয়ে দিতে
চাই এ কালো ছায়াকে।
ওই আগুনে জ্বালিয়ে দিতে,
ওই সাগরে তলিয়ে দিতে,
ওই চরণে গলিয়ে দিতে,
দলিয়ে দিতে মায়াকে –
মনকে, আমার কায়াকে।

যেখানে যাই সেথায় একে
আসন জুড়ে বসতে দেখে
লাজে মরি, লও গো হরি
এই সুনিবিড় ছায়াকে –
মনকে, আমার কায়াকে।

তুমি আমার অনুভাবে
কোথাও নাহি বাধা পাবে,
পূর্ণ একা দেবে দেখা
সরিয়ে দিয়ে মায়াকে –
মনকে, আমার কায়াকে।

19 শ্রাবণ, 1317

(142)
যাবার দিনে এই কথাটি

যাবার দিনে এই কথাটি
বলে যেন যাই –
যা দেখেছি যা পেয়েছি
তুলনা তার নাই।
এই জ্যোতিঃসমুদ্র-মাঝে
যে শতদল পদ্ম রাজে
তারই মধু পান করেছি,
ধন্য আমি তাই –
যাবার দিনে এই কথাটি
জানিয়ে যেন যাই।

বিশ্বরূপের খেলাঘরে
কতই গেলেম খেলে,
অপরূপকে দেখে গেলেম
দুটি নয়ন মেলে।
পরশ যাঁরে যায় না করা
সকল দেহে দিলেন ধরা,
এইখানে শেষ করেন যদি
শেষ করে দিন তাই –
যাবার বেলা এই কথাটি
জানিয়ে যেন যাই।

20 শ্রাবণ, 1317

(143)

আমার নামটা দিয়ে ঢেকে রাখি যারে

আমার নামটা দিয়ে ঢেকে রাখি যারে
মরছে সে এই নামের কারাগারে।
সকল ভুলে যতই দিবারাতি
নামটারে ওই আকাশপানে গাঁথি,
ততই আমার নামের অন্ধকারে
হারাই আমার সত্য আপনারে।

জড়ো করে ধূলির 'পরে ধূলি
নামটারে মোর উচ্চ করে তুলি।
ছিদ্র পাছে হয় রে কোনোখানে
চিত্ত মম বিরাম নাহি মানে,
যতন করি যতই এ মিথ্যারে
ততই আমি হারাই আপনারে।

21 শ্রাবণ, 1317

(144)
নামটা যেদিন ঘুচাবে, নাথ,

নামটা যেদিন ঘুচাবে, নাথ,
বাঁচব সেদিন মুক্ত হয়ে –
আপন-গড়া স্বপন হতে
তোমার মধ্যে জনম লয়ে।

ঢেকে তোমার হাতের লেখা
কাটি নিজের নামের রেখা,
কতদিন আর কাটবে জীবন
এমন ভীষণ আপদ বয়ে।

সবার সজ্জা হরণ করে
আপনাকে সে সাজাতে চায়।
সকল সুরকে ছাপিয়ে দিয়ে
আপনাকে সে বাজাতে চায়।
আমার এ নাম যাক-না চুকে,
তোমারই নাম নেব মুখে,
সবার সঙ্গে মিলব সেদিন
বিনা-নামের পরিচয়ে।

21 শ্রাবণ, 1317

(145)

জড়ায়ে আছে বাধা, ছাড়ায়ে যেতে চাই

জড়ায়ে আছে বাধা, ছাড়ায়ে যেতে চাই –
ছাড়াতে গেলে ব্যথা বাজে।
মুক্তি চাহিবারে তোমার কাছে যাই,
চাহিতে গেলে মরি লাজে।
জানি হে তুমি মম জীবনে শ্রেয়তম,
এমন ধন আর নাহি যে তোমা-সম,
তবু যা ভাঙাচোরা ঘরেতে আছে পোরা
ফেলিয়া দিতে পারি না যে।

তোমারে আবরিয়া ধূলাতে ঢাকে হিয়া,
মরণ আনে রাশি রাশি –
আমি যে প্রাণ ভরি তাদের ঘৃণা করি
তবুও তাই ভালোবাসি।
এতই আছে বাকি, জমেছে এত ফাঁকি –
কত যে বিফলতা, কত যে ঢাকাঢাকি –
আমার ভালো তাই চাহিতে যবে যাই
ভয় যে আসে মনোমাঝে।

22 শ্রাবণ, 1317

(146)

তোমার দয়া যদি

তোমার দয়া যদি
চাহিতে নাও জানি
তবুও দয়া করে
চরণে নিয়ো টানি।
আমি যা গড়ে তুলে
আরামে থাকি ভুলে
সুখের উপাসনা
করি গো ফলে ফুলে –
সে ধূলা-খেলাঘরে
রেখো না ঘৃণাভরে,
জাগায়ো দয়া করে
বহ্নি-শেল হানি।

সত্য মুদে আছে
দ্বিধার মাঝখানে,
তাহারে তুমি ছাড়া
ফুটাতে কে বা জানে।
মৃত্যু ভেদ করি
অমৃত পড়ে ঝরি,
অতল দীনতার
শূন্য উঠে ভরি।
পতন-ব্যথা মাঝে
চেতনা আসি বাজে,
বিরোধ কোলাহলে
গভীর তব বাণী।

22 শ্রাবণ, 1317

(147)

জীবনে যত পূজা

জীবনে যত পূজা
হল না সারা,
জানি হে জানি, তাও
হয় নি হারা।
যে ফুল না ফুটিতে
ঝরেছে ধরণীতে,
যে নদী মরুপথে
হারালো ধারা,
জানি হে জানি তাও
হয় নি হারা।

জীবনে আজো যাহা
রয়েছে পিছে,
জানি হে জানি, তাও
হয় নি মিছে।
আমার অনাগত
আমার অনাহত
তোমার বীণাতারে
বাজিছে তারা –
জানি হে জানি তাও
হয় নি হারা।

23 শ্রাবণ, 1317

(148)

একটি নমস্কারে, প্রভু,

একটি নমস্কারে, প্রভু,
একটি নমস্কারে
সকল দেহ লুটিয়ে পড়ুক
তোমার এ সংসারে।
ঘন শ্রাবণ-মেঘের মতো
রসের ভারে নম্র নত
একটি নমস্কারে, প্রভু,
একটি নমস্কারে
সমস্ত মন পড়িয়া থাক্
তব ভবন-দ্বারে।

নানা সুরের আকুল ধারা
মিলিয়ে দিয়ে আত্মহারা
একটি নমস্কারে, প্রভু,
একটি নমস্কারে
সমস্ত গান সমাপ্ত হোক
নীরব পারাবারে।

হংস যেমন মানস-যাত্রী
তেমনি সারা দিবস-রাত্রি
একটি নমস্কারে, প্রভু,
একটি নমস্কারে
সমস্ত প্রাণ উড়ে চলুক
মহামরণ-পারে।

23 শ্রাবণ, 1317

(149)

জীবনে যা চিরদিন

জীবনে যা চিরদিন
রয়ে গেছে আভাসে,
প্রভাতের আলোকে যা
ফোটে নাই প্রকাশে,
জীবনের শেষ দানে
জাবনের শেষ গানে,
হে দেবতা, তাই আজি
দিব তব সকাশে –
প্রভাতের আলোকে যা
ফোটে নাই প্রকাশে।
কথা তারে শেষ ক'রে
পারে নাই বাঁধিতে,
গান তারে সুর দিয়ে
পারে নাই সাধিতে।
কী নিভৃতে চুপে চুপে
মোহন নবীনরূপে
নিখিল নয়ন হতে
ঢাকা ছিল, সখা, সে –
প্রভাতের আলোকে তা
ফোটে নাই প্রকাশে।

ভ্রমেছি তাহারে লয়ে

দেশে দেশে ফিরিয়ে,
জীবনে যা ভাঙাগড়া
সবই তারে ঘিরিয়া।
সব ভাবে সব কাজে
আমার সবার মাঝে
শয়নে স্বপনে থেকে
তবু ছিল একা সে –
প্রভাতের আলোকে তো
ফোটে নাই প্রকাশে।

কত দিন কত লোকে
চেয়েছিল, উহারে,
বৃথা ফিরে গেছে তারা
বাহিরের দুয়ারে।
আর কেহ বুঝিবে না,
তোমা-সাথে হবে চেনা
সেই আশা লয়ে ছিল
আপনারই আকাশে।
প্রভাতের আলোকে তো
ফোটে নাই প্রকাশে।

24 শ্রাবণ, 1317

(150)

তোমার সাথে নিত্য বিরোধ

তোমার সাথে নিত্য বিরোধ
আর সহে না –
দিনে দিনে উঠছে জমে
কতই দেনা।
সবাই তোমায় সভার বেশে
প্রণাম করে গেল এসে,
মলিন বাসে লুকিয়ে বেড়াই –
মান রহে না।

কী জানাব চিত্তবেদন,
বোবা হয়ে গেছে যে মন,
তোমার কাছে কোনো কথাই
আর কহে না।

ফিরায়ো না এবার তারে,
লও গো অপমানের পারে,
করো তোমার চরণতলে
চির-কেনা।

বোলপুর
25 শ্রাবণ, 1317

(151)

প্রেমের হাতে ধরা দেব

প্রেমের হাতে ধরা দেব
তাই রয়েছি বসে;
অনেক দেরি হয়ে গেল,
দোষী অনেক দোষে।
বিধিবিধান-বাঁধন-ডোরে
ধরতে আসে, যাই যে সরে,
তার লাগি যা শাস্তি নেবার
নেব মনের তোষে।
প্রেমের হাতে ধরা দেব
তাই রয়েছি বসে।
লোকে আমায় নিন্দা করে,
নিন্দা সে নয় মিছে –
সকল নিন্দা মাথায় ধরে
রব সবার নীচে।
শেষ হয়ে যে গেল বেলা,
ভাঙল বেচা-কেনার মেলা,
ডাকতে যারা এসেছিল
ফিরল তারা রোষে।
প্রেমের হাতে ধরা দেব
তাই রয়েছি বসে।

25 শ্রাবণ, 1317

(152)

সংসারেতে আর যাহারা

সংসারেতে আর যাহারা
আমায় ভালোবাসে
তারা আমায় ধরে রাখে
বেঁধে কঠিন পাশে।
তোমার প্রেম যে সবার বাড়া
তাই তোমারি নূতন ধারা,
বাঁধ' নাকো, লুকিয়ে থাক',
ছেড়েই রাখ' দাসে।
আর-সকলে, ভুলি পাছে,
তাই রাখে না একা।
দিনের পরে কাটে যে দিন,
তোমারি নেই দেখা।
তোমায় ডাকি নাই বা ডাকি,
যা খুশি তাই নিয়ে থাকি;
তোমার খুশি চেয়ে আছে
আমার খুশির আশে।

ই. আই. আর. রেলপথে
25 শ্রাবণ, 1317

(153)

প্রেমের দূতকে পাঠাবে, নাথ, কবে

প্রেমের দূতকে পাঠাবে, নাথ, কবে –
সকল দ্বন্দ্ব ঘুচবে আমার তবে।
আর-যাহারা আসে আমার ঘরে
ভয় দেখায়ে তারা শাসন করে,
দুরন্ত মন দুয়ার দিয়ে থাকে,
হার মানে না, ফিরায়ে দেয় সবে।

সে এলে সব আগল যাবে ছুটে,
সে এলে সব বাঁধন যাবে টুটে,
ঘরে তখন রাখবে কে আর ধরে –
তার ডাকে যে সাড়া দিতেই হবে।
আসে যখন একলা আসে চলে,
গলায় তাহার ফুলের মালা দোলে –
সেই মালাতে বাঁধবে যখন টেনে
হৃদয় আমার নীরব হয়ে রবে।

রেলপথে
25 শ্রাবণ, 1317

(154)

গান গাওয়ালে আমায় তুমি

গান গাওয়ালে আমায় তুমি
কতই ছলে যে,
কত সুখের খেলায়, কত
নয়নজলে হে।
ধরা দিয়ে দাও না ধরা,
এস কাছে, পালাও ত্বরা –
পরান কর' ব্যথায়-ভরা
পলে পলে হে।
গান গাওয়ালে এমনি করে
কতই ছলে যে।

কত তীব্র তারে তোমার
বীণা সাজাও যে,
শত ছিদ্র ক'রে জীবন
বাঁশি বাজাও হে।
তবে সুরের লীলাতে মোর
জনম যদি হয়েছে ভোর,
চুপ করিয়ে রাখো এবার
চরণতলে হে।
গান গাওয়ালে চিরজীবন
কতই ছলে যে।

রেলপথে
25 শ্রাবণ, 1317

(155)

মনে করি এইখানে শেষ

মনে করি এইখানে শেষ –
কোথা বা হয় শেষ।
আবার তোমার সভা থেকে
আসে যে আদেশ।
নূতন গানে নূতন রাগে
নূতন করে হৃদয় জাগে,
সুরের পথে কোথা যে যাই
না পাই সে উদ্দেশ।

সন্ধ্যাবেলার সোনার আভায়
মিলিয়ে নিয়ে তান
পূরবীতে শেষ করেছি
যখন আমার গান –
নিশীথ রাতের গভীর সুরে
আবার জীবন উঠে পূরে,
তখন আমার নয়নে আর
রয় না নিদ্রালেশ।

রেলপথে
25 শ্রাবণ, 1317

(156)
শেষের মধ্যে অশেষ আছে,

শেষের মধ্যে অশেষ আছে,
এই কথাটি, মনে
আজকে আমার গানের শেষে
জাগছে ক্ষণে ক্ষণে।
সুর গিয়েছে, থেমে, তবু
থামতে যেন চায় না কভু –
নীরবতায় বাজছে বীণা
বিনা প্রয়োজনে।

তারে যখন আঘাত লাগে,
বাজে যখন সুরে,
সবার চেয়ে বড়ো যে গান
সে রয় বহু দূরে –

সকল আলাপ গেলে থেমে
শান্ত বীণায় আসে নেমে,
সন্ধ্যা যেমন দিনের শেষে
বাজে গভীর স্বনে।

কলিকাতা
26 শ্রাবণ, 1317

(157)

দিবস যদি সাঙ্গ হল, না যদি গাহে পাখি,

দিবস যদি সাঙ্গ হল, না যদি গাহে পাখি,
ক্লান্ত বায়ু না যদি আর চলে –
এবার তবে গভীর ক'রে ফেলো গো মোরে ঢাকি
অতি নিবিড় ঘন তিমিরতলে –
স্বপন দিয়ে গোপনে ধীরে ধীরে
যেমন করে ঢেকেছ ধরণীরে,
যেমন করে ঢেকেছ তুমি মুদিয়া-পড়া আঁখি,
ঢেকেছ তুমি রাতের শতদলে।

পাথেয় যার ফুরায়ে আসে পথের মাঝখানে,
ক্ষতির রেখা উঠেছে যার ফুটে,
বসনভূষা মলিন হল ধূলায় অপমানে
শকতি যার পড়িতে চায় টুটে –
ঢাকিয়া দিক তাহার ক্ষতব্যথা
করুণাঘন গভীর গোপনতা,
ঘুচায়ে লাজ ফুটাও তারে নবীন উষাপানে
জুড়ায়ে তারে আঁধার সুধাজলে।

কলিকাতা
29 শ্রাবণ, 1317

ডায়মণ্ড পকেট বুক্সের সগর্ব প্রকাশন

জগদীশ শর্মা

বডি ল্যাঙ্গুয়েজ

ভাষা দু প্রকারের হয়। প্রথম ভাষা হচ্ছে সেটা, যেটা শব্দের মাধ্যমে অভিব্যক্ত হয়। এটা সরল হয় আর সহজেই বুঝতেও পারা যায়। দ্বিতীয় ভাষা হচ্ছে সেটা, যেটা আমাদের শরীরের অঙ্গগুলো চেতন আর অবচেতনা...দু প্রকারের পরিস্থিতিতেই অভিব্যক্ত করে। এই ভাষায় প্রতীক করে নিহিতার্থে ভরপুর হয়ে থাকে। একে বোঝার জন্য মনোবিজ্ঞানের প্রয়োজন পড়ে। এই ভাষা বুঝতে পারলে মানবিক সম্পর্ককে আরও উন্নত করে তোলা যেতে পারে। এই পুস্তক আপনাদের এই ভাষা পড়তে, বুঝতে এবং ব্যবহার করতে সহায়তা করবে।

বডি বিল্ডিং কোর্স

মনোজ কুমার

আমরা প্রত্যেক নিজেদেরকে সুন্দর দেখাতে চাই। কিছু লোক জন্মগত ভাবে সুন্দর হন, কেউ-কেউনিজেদের কর্ম দ্বারা সুন্দর হয়ে ওঠেন আর কিছু লোক শারীরিক সৌষ্ঠবের দিক থেকে সুন্দর হন। শরীরকে সুন্দর করে তোলার কাজে বডি বিল্ডিং-য়ের ভূমিকা অত্যন্ত গুরুত্বপূর্ণ হয়। এটা এমন এক বিষয়, যেটার ব্যাপারে জ্ঞান না থাকলে কিছুই করা সম্ভব হয় না। এই পুস্তকে বডি বিল্ডিংয়ের জন্য পর্যায় ক্রমে ব্যায়ামের উল্লেখ করা হয়েছে...যেগুলো যে কোন ব্যক্তি অভ্যাস করে নিজের শরীরকে সুন্দর করে তুলতে পারেন। এই পুস্তক আমরা সেই সব ব্যায়াম করার বিধিও জানিয়েছি, যাতে আপনারা যেগুলো ঠিক পদ্ধতিতে করে এক সফল বডি বিল্ডার হয়ে উঠতে পারেন।

জোগিন্দর সিং
(প্রাক্তন ডায়রেক্টর–সিবিআই)

পোজিটিভ থিংকিং

জীবনে উৎকর্ষতা নিয়ে আসতে এবং সফলতার চূড়োয় পৌঁছতে আমরা সবই প্রচেষ্টা চালিয়ে যাই। কিন্তু এমনটা কেন হয় যে, আমাদের মধ্যে মাত্র কয়েকজনই সফলতার শীর্ষে পৌঁছতে পারি। এর সহজ-সরল উত্তর হচ্ছে এটা যে, সফলতার চূড়োয় খুব বেশী জায়গা থাকে না। জীবনে সফল হওয়ার জন্য বেশ কিছু জিনিষের প্রয়োজন পড়ে, যেগুলোর মধ্যে সব থেকে গুরুত্বপূর্ণ হচ্ছে পোজিটিভ থিংকিং আর জীবনের পথে আসা ব্যর্থতাকে স্বীকার করে নেওয়া। জীবনে সফলতা অর্জন করার সকল পক্ষগুলোর ওপরে দৃষ্টিপাত করার সবার পক্ষেই উপযোগী পুস্তক।

সোনালী ভবিষ্যতের দিকে

এই পুস্তক সি.বি.আই.-য়ের প্রাক্তণ ডায়রেক্টর এবং ভারতীয় পুলিশ সেবা (অবসরপ্রাপ্ত) অফিসার শ্রী জোগিন্দর সিং দ্বারা লিখিত। জীবনকে সফলতার সঙ্গে যুক্ত করে তোলা এই পুস্তক আপনার ভেতরে এক নতুন প্রাণশক্তির সঞ্চার করে তুলবে এবং আপনার সামনে সফলতার নতুন দ্বার উন্মুক্ত করে তুলবে। আত্মবিকাশের নতুন টেকনিকের ওপরে আধারিত এই পুস্তক অন্য আর সব পুস্তকের থেকে আলাদা।

★ সফলতার পথে এগিয়ে চলার অব্যর্থ মন্ত্র
★ আপনার ব্যক্তিত্বকে পাল্টে দেওয়া বিচারধারা
★ ব্যাপক দৃষ্টিকোণ আর ব্যক্তিত্ব বিকাশের পথ প্রদর্শক

তহলীনা কৌল

ইণ্ডিয়ান মাইক্রোওয়েভ কুক বুক

তহলীনা কৌল এমন এক পরিবারে বড় হয়ে উঠেছেন, যে পরিবারে গোটা পৃথিবীর বিভিন্ন প্রকারের ব্যঞ্জন তৈরী করে পরিবেশন করা হত। তহলীনা এর থেকে এত বেশী প্রেরিত হয়ে উঠেছিলেন যে, তিনি সহজেই বিভিন্ন ব্যঞ্জন রন্ধনে পারদর্শী হয়ে উঠেছিলেন। সর্বপ্রথমে উনি 'মির্চ মশালা' নামে প্রচুর ব্যঞ্জন তৈরী করেন এবং বিভিন্ন ঘরে পৌঁছে দেন। এর পরে উনি কাশ্মীরী, থাই আর ভারতীয় ব্যঞ্জন তৈরী করা শেখানো শুরু করেন। ওনার প্রতিষ্ঠা এতটাই বেড়ে উঠেছিল যে, বি.পি.এল. ওনার ওপরে মাইক্রোওয়েভ কুকিং-য়ের ওপরে বিশেষ ক্লাস চালানোর দায়িত্ব অর্পণ করে। তিন বছর পর্যন্ত উনি এই ক্লাস নেন। এই পুস্তক হচ্ছে তারই পরিণাম। ওনাকে বেশ কিছু পুরস্কারেও সম্মানিত করা হয়েছে এবং উনি বেশ কিছু পত্রিকায় কলামও লিখে থাকেন।

খরচ আলাদা

ডায়মণ্ড পকেট বুক্সের সগর্ব প্রকাশন

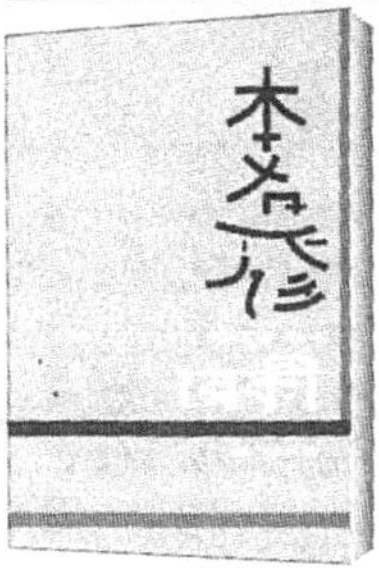

এস. সুব্রামনিয়াম

রেকী

রেকীর রহস্য উদঘাটন রেকীর সংকেতগুলোর প্রতি ইঙ্গিত করে... যেগুলোর মধ্যে পবিত্র সেই সংকেতও শামিল রয়েছে, যেটা মাস্টার হয়ে ওঠার পরে শেখানো হয়ে থাকে। এতে ক্ষমতা গ্রহণ করার কথা জানানো হয়েছে। বেশ কিছু রেকী মাস্টারদের দৃষ্টিতে এটা পরম্পরার উল্লংঘন।

এছাড়া রেকী আর শক্তিপাত (যেটা লেখক ক্রিয়া যোগ পরম্পরায় শিখেছেন)-কে পরস্পরের সঙ্গে যুক্ত করার জন্যও লেখকের সমালোচনা করা হয়েছে। কিন্তু লেখকের বক্তব্য হচ্ছে এই যে, রেকীও শক্তিপাতেরই এক রূপ। উনি জোর দিয়ে বলছেন যে, রেকীর রচনাত্মক সংকেত আর রহস্য অন্যদের কাছেও পৌঁছনো উচিত। ওনার যুক্তি হচ্ছে এই যে, প্রচুর সংখ্যায় প্রচীন ভারতীয় জ্ঞান এই রহস্য এবং গুরুদের কেবল মাত্র সুযোগ্য শিষ্যদেরই শিক্ষা প্রদান করার ইচ্ছার কারণেই আজ বিলুপ্ত হয়ে গেছে।

এই পুস্তকে লেখক নিজের পাঠকদের সেই তথ্য পড়ার পরামর্শ দিয়েছেন, যেটা উনি নিজে এক মাস্টারের থেকে শিখে ব্যবস্থিত রূপে পেশ করেছেন।

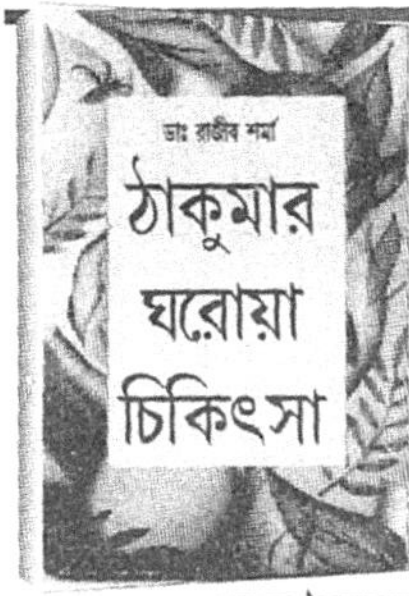

ঠাকুমার ঘরোয়া চিকিৎসা

ডাঃ রাজীব শর্মা

ঠাকুমার ঘরোয়া চিকিৎসা, আজ আমাদের প্রতিটা বাড়ীতেই প্রয়োগ করে সেগুলোর সুফল প্রাপ্ত করা হচ্ছে। প্রতিটা পরিবারেই ঠাকুমা-দিদিমারা এরকম 4-10 প্রয়োগ জানেন... কিন্তু আমরা সঠিক সময়ে সেগুলোর লাভ ওঠাতে পারি না। কিন্তু এই সব প্রয়োগ অনেক ক্ষেত্রেই রামবাণের মত কাজ দেয়। এই জিনিষটাকেই মাথায় রেখে এই পুস্তক রচনা করা হয়েছে।

বাচ্চাদের 3500 নাম

আমাদের জীবনে নামের এক গুরুত্বপূর্ণ ভূমিকা থাকে...আর সেজন্যই এমনটা বলা হয়েছে... যথা নাম তথা গুণ।' হয়তো এই কারণেই ভারতীয় পরম্পরায় নামকরণ সংস্কারকে এতটা গুরুত্ব দেওয়া হয়েছে। এই পুস্তকে এই কাজটাকেই আরও সহজ-আরও সহজ-সরল করে তোলার চেষ্টা চালানো হয়েছে।

রং-কে কিভাবে চিকিৎসায় ব্যবহার করবেন

• আপনার স্বাস্থ্যকে পুনর্যৌবন প্রদান করুন • শারীরিক সংবেদনতা গড়ে তুলুন
• 50-টিরও বেশি প্রকারের রোগে লাভদায়ক রং-য়ের ব্যবহার করুন

আপনি নিশ্চয়ই জানেন যে আপনার ওপরে রং-এর প্রভাব কতটা - একটা নীল রং-এর ঘরে আপনি অনেক বেশি স্বাচ্ছন্দ অনুভব করবেন বা একটা হলুদ রং-এর প্যাডে আপনি সব থেকে ভালো লিখতে পারেন। "কি ভাবে রং-কে চিকিৎসায় ব্যবহার করবেন", আপনাকে নিজের এবং অন্যদের চিকিৎসা করতে রং-এর তারঙ্গিক ক্ষমতাকে ব্যবহার করতে শেখাবে।

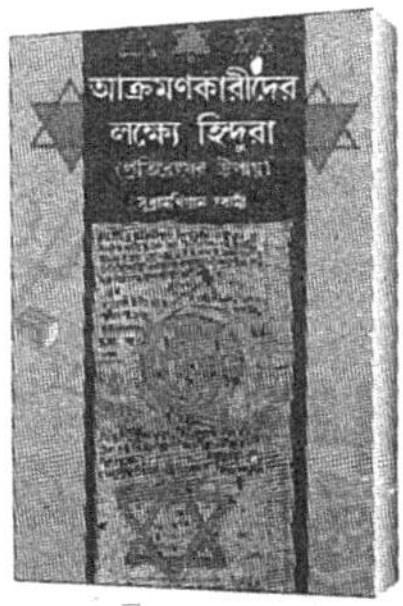

সুব্রমণিয়ন স্বামী

আক্রমণকারীদের লক্ষ্যে হিন্দুরা
(প্রতিরোধের রাস্তা)

লেখকের যুক্তি হচ্ছে আজ হিন্দুত্ব, এক অদৃশ্য ঘেরাটোপে বন্দী হয়ে রয়েছে, যেমনটা এর আগে কখনো ছিল না আর এই ঘেরাবন্দীকে একমাত্র তিনিই দেখতে পারেন, যাঁকে এটাকে দেখার জন্য সতর্ক করে দেওয়া হয়েছে। লেখক এমন সংকেত দিয়েছেন যে, হিন্দুত্বের এই ঘেরাবন্দী জীবনের চারটি ক্ষেত্রে প্রদর্শিত হয় – 01. ধার্মিক, 02. মনোবৈজ্ঞানিক, 03. ভৌতিক এবং 04. সাংস্কৃতিক। লেখক যুক্তি দিয়ে জানিয়েছেন যে; আজ হিন্দুদের সামূহিক রূপে এক নতুন মানসিকতা তৈরী করার প্রয়োজন হয়ে পড়েছে। যাতে তারা এই ক্রমবর্ধমান ঘেরাবন্দীর মোকাবিলা করতে পারে... অন্যথা একদিন হয়তো হিন্দুদেরও প্রচীন ইউনানী, মিশরবাসী আর বাবিলনবাসীদের মত শেষ হয়ে পড়তে হবে। এই পুস্তক ভবিষ্যতে বিদ্বান এবং অন্বেষকদের অনুসন্ধানের বিভিন্ন পক্ষগুলোর সঙ্গে পরিচিত করে তোলার উদ্দেশ্যে লেখা হয়েছে।

ডায়মণ্ড পকেট বুক্সের সগর্ব প্রকাশন

তহলীনা কৌল

ইণ্ডিয়ান মাইক্রোওয়েভ কুক বুক

তহলীনা কৌল এমন এক পরিবারে বড় হয়ে উঠেছেন, যে পরিবারে গোটা পৃথিবীর বিভিন্ন প্রকারের ব্যঞ্জন তৈরী করে পরিবেশন করা হত। তহলীনা এর থেকে এত বেশী প্রেরিত হয়ে উঠেছিলেন যে, তিনি সহজেই বিভিন্ন ব্যঞ্জন রন্ধনে পারদর্শী হয়ে উঠেছিলেন। সর্বপ্রথমে উনি 'মির্চ মশালা' নামে প্রচুর ব্যঞ্জন তৈরী করেন এবং বিভিন্ন ঘরে পৌঁছে দেন। এর পরে উনি কাশ্মীরী, থাই আর ভারতীয় ব্যঞ্জন তৈরী করা শেখানো শুরু করেন। ওনার প্রতিষ্ঠা এতটাই বেড়ে উঠেছিল যে, বি.পি.এল. ওনার ওপরে মাইক্রোওয়েভ কুকিং-য়ের ওপরে বিশেষ ক্লাস চালানোর দায়িত্ব অর্পণ করে। তিন বছর পর্যন্ত উনি এই ক্লাস নেন। এই পুস্তক হচ্ছে তারই পরিণাম। ওনাকে বেশ কিছু পুরস্কারেও সম্মানিত করা হয়েছে এবং উনি বেশ কিছু পত্রিকায় কলামও লিখে থাকেন।

ধীরুভাই অম্বানীর বিরল কার্য পদ্ধতি

ধীরুভাইজম্

ইনভিসিবল সি. ই. ও.-র লেখক **শ্রী এ. জি. কৃষ্ণমূর্ত্তি**-র রচনা

এই পুস্তক ধীরুভাই-য়ের জীবন বা ওনার ব্যবসায়িক সাম্রাজ্য স্থাপনের ওপরে লেখা হয়নি। লেখক ধীরুভাই-য়ের মধ্যে সেই অসাধারণ অন্তর্দৃষ্টিকে হৃদয়ঙ্গম করার প্রচেস্টা করেছেন, যেটা উনি ধীরুভাই-য়ের সঙ্গে দীর্ঘ সময় পর্যন্ত কাজ করে শিখেছেন। এই পুস্তকে দেওয়া 15-টি ধীরুভাইজম্'য়ের দার্শনিক বিচারগুলোকে এক জায়গায় রাখলে তবেই ধীরুভাই-য়ের কার্য-দর্শন স্পষ্ট হয়ে ওঠে... যার দ্বারা ভারতের সব থেকে সফল শিল্পপতিদের অন্যতম ধীরুভাই অম্বানীর চিন্তন প্রক্রিয়া আর অভ্যাসগুলোর এক ঝলক দেখতে পাওয়া যায়।

প্রোফেসর লালু-র রেল

ডাঃ সুনীল জোগী

কেন্দ্রীয় রেলমন্ত্রী শ্রী লালু প্রসাদ দেশের বহু আলোচিত, বহু প্রশংসিত রাজনৈতিক নেতা। ওনার বিরল কার্যশৈলী কিছুটা প্রথা বহির্ভূত। উনি লোকসানে চলতে থাকা ভারতীয় রেলওয়েকে নিজের অদ্ভূত ম্যানেজমেন্ট শক্তি দ্বারা সম্পূর্ণ রূপে লোকসানমুক্ত করে তুলে এবং তার স্বর্ণিম কায়াকল্প করে কোটি-কোটি টাকা মুনাফা অর্জন করেছেন। ওনার এই অতুলনীয় কাজের জন্য ভারত আর বিদেশের বেশ কিছু প্রতিষ্ঠিত ম্যানেজমেন্ট সংস্থা ওনাকে "ম্যানেজমেন্ট গুরু" উপাধিতে বিভূষিত করেছে। ভারতীয় রেলওয়ের ওপরে গভীর অধ্যয়ণ করার সাথে-সাথে উনি তার ওপরে নিজের কেস স্টাডীও প্রস্তুত করেছেন। এই পুস্তকে লালু জী-র ম্যানেজমেন্ট, রাজনৈতিক সফর, ওনার দেশী অর্থশাস্ত্র, এই বছরের রেল বাজেটের বিভিন্ন পক্ষ এবং ভারতীয় রেলওয়ের ক্রমিক আর সংক্ষিপ্ত ইতিহাসের ওপরে আলোকপাত করা হয়েছে। এই পুস্তকে ভারতীয় রেলের ওপরে লালু জী-র কিছু রচনার পাশে-সাথে ওনার দুটি বহু আলোচিত সাক্ষাৎকারকেও শামিল করা হয়েছে।

এই পুস্তক পড়ে আপনারা লালু জী, ওনার ম্যানেজমেন্ট আর ভারতীয় রেলওয়ের বিষয়ে নবীনতম তথ্য প্রাপ্ত করতে পারবেন – এমনটা আমার দৃঢ় বিশ্বাস।